🔍 하이! 코리안

Hi! KOREAN

Workbook

3B

DARAKWON

일러두기

〈Hi! Korean Workbook 3〉은 〈Hi! Korean Student's Book 3〉과 함께 수업 시간에 활용할 수 있는 교재로, '1단원
~12단원'이 '문법 연습', '어휘와 표현', '듣기 1, 2', '읽기 1, 2', '실전 쓰기'로 이루어져 있다. Student's Book에서
학습한 내용을 '대화 완성하기', '짧은 글짓기', '선택형 문항', '작문' 등 다양한 형태로 연습할 수 있도록 하였다.

문법 연습

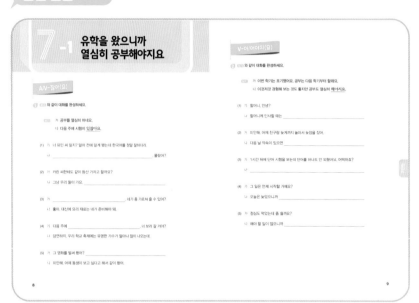

목표 문법을 사용해 대화
를 완성하는 연습을 하고
〈보기〉를 참고해 글을 완
성하는 연습을 한다.

어휘와 표현

학습한 어휘와 표현을
맥락 속에서 사용하는
연습을 한다.

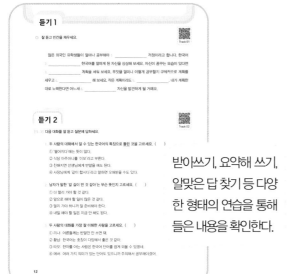

받아쓰기, 요약해 쓰기, 알맞은 답 찾기 등 다양한 형태의 연습을 통해 들은 내용을 확인한다.

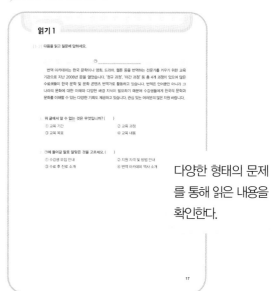

다양한 형태의 문제를 통해 읽은 내용을 확인한다.

실전 쓰기

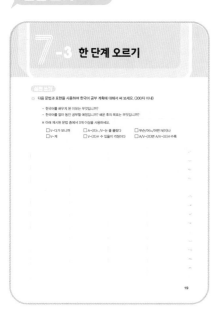

단원에서 학습한 문법 및 표현을 사용해 주제에 맞게 300자 이내의 글을 완성하는 연습을 한다.

부록　　**정답**: 소단원 1, 2의 '문법 연습', '어휘와 표현', '듣기 1, 2', '읽기 1, 2'에 대한 모범 답안을 제공한다.

목차

music

CHAPTER

07

외국어 학습 ➡

7-1 유학을 왔으니까 열심히 공부해야지요

A/V-잖아(요)

1 보기 와 같이 대화를 완성하세요.

> 보기 가 공부를 열심히 하네요.
>
> 나 다음 주에 시험이 <u>있잖아요</u>.

(1) 가 너 유민 씨 알지? 얼마 전에 알게 됐는데 한국어를 정말 잘하더라.

　　나 _____. 몰랐어?

(2) 가 카린 씨한테도 같이 등산 가자고 할까요?

　　나 그냥 우리 둘이 가요. _____

(3) 가 _____. 네가 좀 가르쳐 줄 수 있어?

　　나 좋아. 대신에 요리 재료는 네가 준비해야 돼.

(4) 가 다음 주에 _____. 너 보러 갈 거야?

　　나 당연하지. 우리 학교 축제에는 유명한 가수가 얼마나 많이 나오는데.

(5) 가 그 영화를 벌써 봤어? _____

　　나 미안해. 어제 동생이 보고 싶다고 해서 같이 봤어.

V-아/어야지(요)

2 보기 와 같이 대화를 완성하세요.

> 보기
> 가 이번 학기는 포기했어요. 공부는 다음 학기부터 할래요.
>
> 나 이것저것 경험해 보는 것도 좋지만 공부도 열심히 <u>해야지요.</u>

(1) 가 할머니, 안녕?

　　나 할머니께 인사할 때는 _____

(2) 가 미안해. 어제 친구랑 늦게까지 놀아서 늦잠을 잤어.

　　나 다음 날 약속이 있으면 _____

(3) 가 1시간 뒤에 단어 시험을 보는데 단어를 하나도 안 외웠어요. 어떡하죠?

　　나 _____

(4) 가 그 일은 언제 시작할 거예요?

　　나 오늘은 늦었으니까 _____

(5) 가 점심도 먹었는데 좀 쉴까요?

　　나 해야 할 일이 많으니까 _____

◎ 보기 와 같이 배운 문법을 사용해서 글을 완성해 보세요.

① 약속을 취소해야 했던 날이 있었습니까? 친구에게 메시지를 보내 보세요.

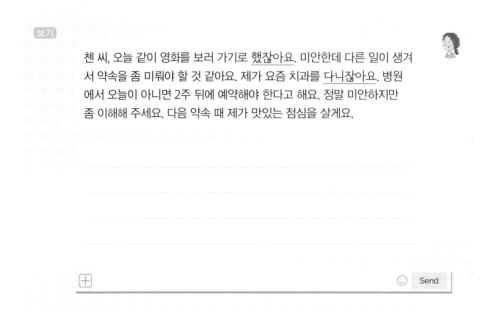

보기

첸 씨, 오늘 같이 영화를 보러 가기로 했잖아요. 미안한데 다른 일이 생겨서 약속을 좀 미뤄야 할 것 같아요. 제가 요즘 치과를 다니잖아요. 병원에서 오늘이 아니면 2주 뒤에 예약해야 한다고 해요. 정말 미안하지만 좀 이해해 주세요. 다음 약속 때 제가 맛있는 점심을 살게요.

⊕   ☺ Send

② 친구의 행동 때문에 기분이 나빴던 적이 있었습니까? 친구에게 메시지를 보내 보세요.

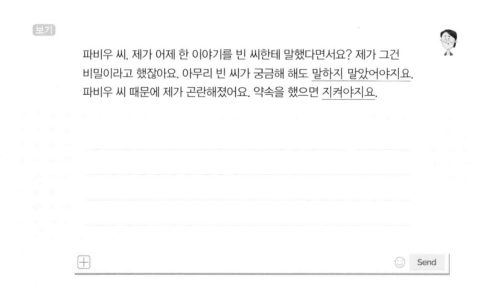

보기

파비우 씨, 제가 어제 한 이야기를 빈 씨한테 말했다면서요? 제가 그건 비밀이라고 했잖아요. 아무리 빈 씨가 궁금해 해도 말하지 말았어야지요. 파비우 씨 때문에 제가 곤란해졌어요. 약속을 했으면 지켜야지요.

⊕   ☺ Send

어휘와 표현

○ 빈칸에 알맞은 말을 쓰세요.

상상하다　　이루다　　헷갈리다　　지치다　　뿌듯하다

　　나는 한국어 공부를 열심히 해서 토픽 6급에 합격하고 싶다. 한국 음악이나 한국 드라마를 다른 사람의 도움 없이 즐기고 싶고 자격증도 따고 싶기 때문이다. 하지만 이제 3급이라서 이 목표를 언제 1. _____ –(으)ㄹ 수 있을지 잘 모르겠다. 그리고 내가 꿈꾸는 미래를 위해 노력하고 있지만 가끔은 2. _____ –(으)ㄹ 때도 있다. 모든 외국어 공부가 그렇겠지만 한국어도 공부하다 보면 3. _____ –는 것이 많아서 힘들다. 그래도 조금씩 이해하는 것이 많아지면 4. _____ –아/어지고 내가 토픽 6급에 합격한 모습을 5. _____ –(으)면 공부할 힘이 난다.

꿈　　　목표　　　계획　　　의욕　　　실력

6. 나는 보고 따라 하기만 하면 되는 간단한 요리도 잘 못한다. 그래서 요리 _____ 이/가 좋은 친구들이 부럽다.

7. 공부도 운동과 크게 다르지 않다. 원하는 곳까지 가기 위해서는 무엇부터 어떻게 하는 것이 좋을지 생각해야 한다. 그렇게 _____ 을/를 세우고 꾸준히 하면 공부도 운동도 잘할 수 있다.

8. 어젯밤에 이상한 _____ 을/를 꿔서 하루 종일 기분이 별로 안 좋았다.

9. 처음 한국에 왔을 때에는 모든 일에 _____ 이/가 있어서 수업도 열심히 듣고 친구들과 여기저기 놀러도 다녔다.

10. 고등학교 때 제일 친했던 친구는 고등학교를 졸업하자마자 프랑스로 유학을 갔다. 프랑스어 공부가 힘든 것 같지만 '프랑스 대학 입학'이라는 _____ 을/를 위해서 노력하는 친구의 모습은 정말 멋있다.

오늘의 표현

V-(으)ㄹ 수 있을지 걱정이다

　　친구들 3명이 집에 놀러 오기로 해서 요리를 하려고 한다. 하지만 요리를 해 본 적이 별로 없어서 음식을 맛있게 (1)_____. 그리고 1인분만 만들어 봐서 4인분을 만들어야 하는 것도 걱정이 된다. 친구들이 점심 때 오기로 했는데 그때까지 요리와 청소를 모두 (2)_____.

듣기 1

○ 잘 듣고 빈칸을 채우세요.

Track 01

많은 외국인 유학생들이 얼마나 공부해야 1. _____ 걱정이라고 합니다. 한국어

2. _____ 한국어를 잘하게 된 자신을 상상해 보세요. 자신이 꿈꾸는 모습이 있다면

3. _____ 계획을 세워 보세요. 무엇을 얼마나 어떻게 공부할지 구체적으로 계획을

세우고 4. _____ 해 보세요. 작은 계획이라도 5. _____. 내가 계획한

대로 노력한다면 어느새 6. _____ 자신을 발견하게 될 거예요.

듣기 2

Track 02

[1-3] 다음 대화를 잘 듣고 질문에 답하세요.

1. 두 사람의 대화에서 알 수 있는 한국어의 특징으로 틀린 것을 고르세요. (　　　)

① '떨어지다'에는 뜻이 많다.

② 식당 아주머니를 '이모'라고 부른다.

③ 친해지면 선생님에게 반말을 해도 된다.

④ 사장님에게 '같이 합시다'라고 말하면 오해받을 수도 있다.

2. 여자가 말한 '갈 길이 먼 것 같아'는 무슨 뜻인지 고르세요. (　　　)

① 더 멀리 가야 할 것 같다.

② 앞으로 해야 할 일이 많은 것 같다.

③ 멀리 가야 하니까 잘 준비해야 한다.

④ 내일 해야 할 일은 지금 안 해도 된다.

3. 두 사람의 대화를 가장 잘 이해한 사람을 고르세요. (　　　)

① 리나: 어른들께는 반말만 안 쓰면 돼.

② 황남: 한국어는 호칭이 다양해서 좋은 것 같아.

③ 타오: 한자를 아는 사람은 한국어 단어를 쉽게 외울 수 있겠네.

④ 에바: 여러 가지 의미가 있는 단어도 있으니까 주의해서 공부해야겠어.

7-2 저도 이런 생각을 하게 될 줄 몰랐어요

A/V-(으)ㄴ/는 줄 몰랐다

1 보기 와 같이 대화를 완성하세요.

> 보기   가 한국 라면은 생각보다 맵지요?
>
> 나 네, 라면이 이렇게 <u>매울 줄 몰랐어요.</u>

(1) 가 오늘 쉬는 날인데 왜 학교에 왔어요?

　　나 달력에 빨간색으로 쓰여 있지 않아서 _____

(2) 가 엠마한테 무슨 실수를 한 거야? 엠마가 그렇게 화를 내는 걸 처음 봤어.

　　나 그냥 농담을 한 건데 그렇게 _____

(3) 가 지금 중요한 통화 중인데 좀 조용히 해 줄래?

　　나 미안해. _____

(4) 가 빵을 사는 데 3만 원을 쓴 거야?

　　나 응, 먹고 싶은 걸 몇 개 골랐는데 그렇게 _____

(5) 가 한국의 은행은 4시에 닫아요. 더 일찍 갔어야지요.

　　나 보통 6시에 닫는 곳이 많잖아요. 그렇게 _____

A/V-(으)면 A/V-(으)ㄹ수록

2 보기 와 같이 대화를 완성하세요.

> 보기 가 이번에 새로 나온 노래는 어때? 인기 있을 것 같아?
>
> 나 당연하지. <u>들으면 들을수록 좋아.</u>

(1) 가 저 배우는 인기가 점점 많아지는 것 같아.

나 맞아. 나도 _____ 좋아지더라고.

(2) 가 어제 첸이랑 싸웠다면서? 아직도 화가 안 풀린 거야?

나 응, _____ 더 화가 나.

(3) 가 이 일은 언제까지 하면 될까요?

나 급한 일이니까 _____

(4) 가 우와, 여기는 별이 잘 보이네. 서울에서는 아무리 맑은 날에도 잘 안 보이던데.

나 서울은 밤에도 밝잖아. 원래 별은 _____

(5) 가 이번에 새로 나온 휴대폰이야? 정말 가볍네.

나 전자 제품은 _____

○ 보기 와 같이 배운 문법을 사용해서 글을 완성해 보세요.

1 여러분이 한국에 오기 전에 한국(날씨, 음식, 교통, 사람들 등)에 대해 알고 있던 것, 생각했던 것과 다른 점은 무엇입니까?

> 보기   저는 한국에 오기 전에는 한국 사람들은 누구나 태권도를 할 수 있다고 생각했어요. 그래서 한국 친구한테 태권도를 할 줄 아냐고 물어봤더니 배운 적이 없다고 하더라고요. 다른 친구한테도 물어봤는데 그 친구도 못 한다고 했어요. 한국 사람들 중에서 태권도를 못 하는 사람이 이렇게 <u>많을 줄 몰랐어요.</u>

한국의 _____

_____

_____

_____

2 지금 여러분이 가장 관심을 갖고 있는 것은 무엇입니까? 여러분이 빠져 있는 '그것'에 대해 써 보세요.

> 보기
>
>  저는 요즘 커피에 관심이 생겼습니다. 한국에 오기 전에는 커피를 좋아하지 않았는데 한국에 와서 커피의 맛을 알게 되었습니다. 처음 마셨을 때는 이렇게 쓴 것을 왜 마시는지 이해를 못했습니다. 하지만 <u>마시면 마실수록</u> 다양한 맛을 느낄 수 있었습니다. 요즘 커피에 대해 공부하고 있는데 커피는 <u>알면 알수록</u> 재미있는 음료인 것 같습니다.

_____

_____

_____

_____

어휘와 표현

◎ 빈칸에 알맞은 말을 쓰세요.

| 관심을 가지다 | 교육을 받다 | 수료하다 | 지원하다 | 활동하다 |

나는 고등학교 때 우연히 한국 드라마를 본 후로 한국에 1. ＿＿＿＿＿＿＿＿ -게 되었다. 처음에는 취미로 한국어를 공부했지만 배우면 배울수록 나중에 한국어를 사용하는 일을 하고 싶어졌다. 그러다가 선생님의 추천으로 번역 아카데미에 2. ＿＿＿＿＿＿＿＿ -았/었는데 다행히 한 번에 합격을 했다. 그 후 3년 동안 그곳에서 3. ＿＿＿＿＿＿＿＿ -(으)면서 한국어뿐만 아니라 한국의 문화와 역사에 대해 많은 것을 배웠다. 그곳을 4. ＿＿＿＿＿＿＿＿ -(으)ㄴ 사람들은 다양한 분야에서 전문 번역가로 5. ＿＿＿＿＿＿＿＿ -는데, 나는 현재 한국 웹툰을 번역하는 일을 하고 있다.

| 과정 | 기관 | 분야 | 전문가 | 지식 |

6. K-POP을 좋아해서 많이 듣고 공부하다 보니까 K-POP에 대한 ＿＿＿＿＿＿ 이/가 되었다.

7. ＿＿＿＿＿＿ 은/는 책에서뿐만 아니라 다양한 경험으로도 배울 수 있다.

8. 우리 교육원에는 야간 ＿＿＿＿＿ 도 있어서 낮에 일을 하는 사람들도 한국어 수업을 들을 수 있다.

9. 공휴일에는 학교를 포함한 대부분의 ＿＿＿＿＿＿ 이/가 모두 문을 닫는다.

10. 다음 시간에는 여러 ＿＿＿＿＿＿ 에서 활동하고 있는 졸업생들을 초대해서 다양한 경험을 들어 보도록 하겠습니다.

오늘의 표현

A/V-기도 하다

나는 아침에 학교까지 버스로 간다. 하지만 날씨가 좋으면 (1)＿＿＿＿＿＿ -(ㄴ/는)다. 교통비도 절약할 수 있고 운동도 될 뿐만 아니라 아침에 길이 많이 막혀서 버스로 가는 것보다 (2)＿＿＿＿＿＿ -(ㄴ/는)다.

읽기 1

[1-2] 다음을 읽고 질문에 답하세요.

㉠ _____

번역 아카데미는 한국 문학이나 영화, 드라마, 웹툰 등을 번역하는 전문가를 키우기 위한 교육 기관으로 지난 2008년 문을 열었습니다. '정규 과정', '야간 과정' 등 총 4개 과정이 있으며 많은 수료생들이 한국 문학 및 문화 콘텐츠 번역가로 활동하고 있습니다. 번역은 언어뿐만 아니라 그 나라의 문화에 대한 이해와 다양한 배경 지식이 필요하기 때문에 수강생들에게 한국의 문학과 문화를 이해할 수 있는 다양한 기회도 제공하고 있습니다. 관심 있는 여러분의 많은 지원 바랍니다.

1. 위 글에서 알 수 <u>없는</u> 것은 무엇입니까? (   )

   ① 교육 기간   ② 교육 과정
   ③ 교육 목표   ④ 교육 내용

2. ㉠에 들어갈 말로 알맞은 것을 고르세요. (   )

   ① 수강생 모집 안내   ② 지원 자격 및 방법 안내
   ③ 수료 후 진로 소개   ④ 번역 아카데미 역사 소개

읽기 2

[1-2] 다음을 읽고 질문에 답하세요.

Q 번역 아카데미는 번역에 관심이 있는 사람이면 누구나 지원할 수 있나요?

A 과정마다 조건이 다르기는 하지만 정규 과정의 경우 대학교를 졸업한 사람이라면 누구나 지원할 수 있어요. 하지만 시험이 너무 어려워서 공부를 많이 해야 해요.

Q _____?

A 번역은 기계처럼 단순히 글자를 바꾸는 일이 아니에요. 글자의 의미 이외에 그 안에 들어 있는 다양한 의미를 전달하기 위해서는 많은 공부와 생각이 필요한 것 같아요. 한국어 공부도 중요하지만 한국 생활을 즐기고 한국 사람, 한국 문화에 대해 더 많이 배우라고 말해 주고 싶어요.

1. 정규 과정의 지원 자격은 무엇입니까?

    (   )

2. 밑줄 친 부분에 알맞은 말을 써 보세요.

    (   )

7-3 한 단계 오르기

◎ 다음 문법과 표현을 사용하여 한국어 공부 계획에 대해서 써 보세요. (300자 이내)

- 한국어를 배우게 된 이유는 무엇입니까?
- 한국어를 얼마 동안 공부할 예정입니까? 배운 후의 목표는 무엇입니까?

※ 아래 제시된 문법 중에서 3개 이상을 사용하세요.

- ☐ V-다가 보니까
- ☐ A/V-(으)ㄴ/는 줄 몰랐다
- ☐ 무슨/어느/어떤 N(이)나
- ☐ V-게
- ☐ V-(으)ㄹ 수 있을지 걱정이다
- ☐ A/V-(으)면 A/V-(으)ㄹ수록

											20
											40
											60
											80
											100
											120
											140
											160
											180
											200
											220
											240
											260
											280
											300

music

08

소식과 정보

8-1 뉴스에서 그 소식이 나오던데요

A/V-던데(요)

1 다음은 엠마의 일기입니다. 일기를 보고 보기 와 같이 대화를 완성하세요.

> ○월 ○일 일요일
>
> 주말에 올가 씨 부부를 만났다. 올가 씨의 남편은 키가 아주 크고 한국어도 잘했다. 같이 점심을 먹으러 갔는데 두 사람 모두 한국 음식을 좋아했다. 올가 씨 남편은 다음 주에 일이 있어서 러시아에 간다고 했다. 그리고 다음 달이 올가 씨 생일이라고 했다. 올가 씨가 남편이 돌아오면 집에서 같이 파티를 하자고 했다.

> **보기**　카린　주말에 올가 씨 부부를 만났다면서요?
>
> 　　　　엠마　네, 남편이 키가 아주 <u>크던데요.</u>

(1) 카린　올가 씨 남편은 한국어를 잘 못 한다면서요?

　　엠마　아니요, 올가 씨보다 훨씬 _____

(2) 카린　올가 씨 부부가 한국 음식을 좋아하는지 모르겠어요.

　　엠마　두 사람 모두 _____

(3) 카린　올가 씨 남편은 다음 주에 무슨 일이 있대요?

　　엠마　_____

(4) 카린　올가 씨 생일이 언제인지 아세요?

　　엠마　_____

(5) 카린　올가 씨가 생일에 무슨 계획이 있대요?

　　엠마　_____

N 만에

2 보기 와 같이 대화를 완성하세요.

보기   가 유학 간 동생이 돌아왔어요?

나 네, 유학 간 지 <u>3년 만에</u> 돌아왔어요.

(1) 가 100m를 몇 초 만에 뛸 수 있어요?

나 _____

(2) 가 나 냉장고에 있는 샌드위치 먹어도 돼?

나 뭐라고? 밥을 먹은 지 _____

(3) 가 고향에 얼마 만에 가시는 거예요?

나 _____ 고향이 얼마나 변했을지 조금 긴장이 되네요.

(4) 가 벌써 그 드라마를 다 봤다고요? 어제부터 보기 시작했잖아요.

나 너무 재미있어서 _____

(5) 가 오랜만에 새 책을 쓰셨는데요, 이번 작품은 시간이 얼마나 걸리셨습니까?

나 이번 책은 쓰기 시작한 지 _____

◉ 보기 와 같이 배운 문법을 사용해서 글을 완성해 보세요.

① 아래 대화를 읽으며 메시지를 완성해 보세요.

보기

방학 동안 프랑스에 다녀왔다면서?

응, 마크 씨가 고향 집에
초대해 줘서 다녀왔어.

혼자 갔어? 집을 찾기 어려웠겠다.

아니, 마크 씨가 길을
잘 알려 줘서 찾기 쉽던데.

마크 씨 부모님도 만났어?

응, 마크 씨 아버지도 모델처럼
(1) _____.

같이 식사도 했어?

그럼, 음식이 정말 (2) _____.
어머니가 요리를 잘 하시더라고.

좋았겠다. 식사하고 또 뭐 했어?

마크 씨가 동네를 안내해 줬는데
동네가 조용하고 (3) _____.

② 여러분은 다른 사람보다 빨리 할 수 있는 일이 있습니까? 그 일을 얼마 만에 할 수 있습니까?
보기 와 같이 써 보세요.

보기   나는 친구를 빨리 사귈 수 있다. 새로운 곳에 가서 새 친구를 사귈 때 다른 사람들은
일주일이나 한 달이 걸리기도 하는데 나는 보통 한 시간 만에 반말로 편하게 이야기할 수
있다. 성격이 활발하고 새로운 사람을 만나는 것을 좋아하기 때문이다.

_____

_____

_____

_____

어휘와 표현

○ 빈칸에 알맞은 말을 쓰세요.

정치   경제   사회   문화   국제   연예   스포츠

1. 서울은 대한민국의 _____, _____, _____의 중심지이다.

2. 요즘 _____ 결혼을 하는 사람들이 많은데, 행복한 결혼 생활을 위해서는 서로를 사랑하는 마음뿐만 아니라 서로의 _____을/를 이해하려고 노력하는 마음이 필요하다.

3. 동생은 아이돌이 되고 싶어서 요즘 _____ 기획사에 오디션을 보러 다닌다.

4. 축구는 한국에서 매우 인기 있는 _____ 중 하나이다.

사건   사고   소식   소문   발생하다   전하다   퍼지다

5. 집에 가다가 배달 오토바이에 부딪히는 _____이/가 나서 병원에 입원했다.

6. 부모님께서 내가 대학에 합격했다는 _____을/를 듣고 매우 기뻐하셨다.

7. _____은/는 사실이 아닌 것이 많기 때문에 함부로 믿으면 안 된다.

8. 어제 먼 바다에서 매우 강한 태풍이 _____-았/었다고 합니다.

9. 집 앞에 있는 빵집에서 아침마다 고소한 빵 냄새가 _____-(으)ㄴ다.

10. 선생님께서 고향에 돌아간 친구들에게 안부를 _____-아/어 달라고 하셨다.

11. 그 _____이/가 일어났을 때 나는 집에서 잠을 자고 있었다.

오늘의 표현

V-기(를) 바라다
V-아/어 주시기(를) 바랍니다

　날씨 뉴스입니다. 오늘 밤부터 새벽까지 수도권에 폭설이 예상됩니다. 내일 아침 출근하시는 분들은 대중 교통을 (1)_____. 길이 미끄러울 테니까 넘어지지 않게 조심하시고 모두 사고 없이 안전한 하루를 (2)_____.

듣기 1

○ 잘 듣고 빈칸을 채우세요.

Track 03

기자: 오늘 새벽, 마포구의 한 원룸 빌딩에 1._____. 주민들 대부분 자고 있던 시간이어서 큰 2._____ 있었지만 한 청년의 용기로 이를 막을 수 있었습니다. 불이 난 것을 처음 발견한 20대 청년은 건물 밖으로 나왔지만 119에 신고한 후 자고 있는 3._____ 불이 난 건물로 다시 들어갔습니다. 4._____ 다른 주민들은 모두 무사했지만 연기 속에서 문을 두드리며 사람들을 구했던 청년은 5._____. 주민들은 안타까워하며 청년이 무사히 6._____.

듣기 2

Track 04

[1-3] 다음 대화를 잘 듣고 질문에 답하세요.

1. **다음 중 대화의 내용에 맞는 것을 고르세요. (   )**

   ① 남자는 여자의 말에 모두 동의하고 있다.

   ② 남자는 '대학생'에 대한 뉴스를 지금 처음 들었다.

   ③ 여자는 텔레비전 뉴스를 가장 믿을 수 있다고 생각한다.

   ④ 여자는 남자가 뉴스를 보지 않는다고 해서 화를 내고 있다.

2. **남자가 뉴스를 보지 않는 이유에 맞지 <u>않는</u> 뉴스를 고르세요. (   )**

   ① 세계 곳곳 전쟁 위기… 평화는 언제쯤

   ② 태풍 때문에 큰 피해… 다친 사람도 많아

   ③ 유명 배우 A 씨, 어려운 이웃을 위해 1억 원 내기로

   ④ 취업도, 결혼도, 출산도 어려운 청년들… 한국의 미래는?

3. **다음 중 대화를 가장 잘 이해한 사람을 고르세요. (   )**

   ① 카린: 뉴스는 무조건 믿지 말아야겠어.

   ② 첸: 불이 나면 꼭 다른 사람들을 구해야 해.

   ③ 마크: 스트레스 받으면서 뉴스를 볼 필요는 없어.

   ④ 엠마: 나 자신뿐만 아니라 사회에 관심을 가지는 것도 중요해.

8-2 안 쓰는 물건을 팔려고 인터넷에 올려 놓았어요

V-아/어 놓다/두다

1 보기 와 같이 대화를 완성하세요.

> 보기 가 오늘 일이 너무 많아서 퇴근이 늦었어요.
>
> 나 배고프죠? 제가 저녁 준비를 다 <u>해 놓았어요 / 두었어요.</u>

(1) 가 요즘 할 일을 자꾸 잊어버려서 큰일이에요.

　　 나 그럼 할 일을 휴대폰에다 _____

(2) 가 여보, 아까 물을 끓이고 있던데 나오기 전에 가스레인지 불은 껐어요?

　　 나 어머, 어떡해! 불을 _____

(3) 가 크리스마스에는 뭘 할 거예요? 무슨 좋은 계획 있어요?

　　 나 남자 / 여자 친구와 보려고 _____

(4) 가 커피 주문 다 했어요? 나도 마시고 싶은데….

　　 나 그럴 줄 알고 벌써 _____

(5) 가 카린 집에 가야 하는데 주소 알아? 아까 물어봤어야 하는데 깜박했어.

　　 나 응, 안 그래도 내가 아까 _____

V-고 보니(까)

2 보기 와 같이 대화를 완성하세요.

> 보기   가 싸웠던 친구랑 화해했다면서요?
>
>   나 네, 친구 말을 <u>듣고 보니까</u> 제 잘못도 있더라고요.

(1) 가 고객 센터입니다. 무엇을 도와 드릴까요?

     나 주문한 물건을 받았는데, _____

(2) 가 어제 소개팅은 잘했어?

     나 키가 크다고 해서 만났는데 _____

(3) 가 음식이 왜 이렇게 짜요? 뭘 넣었어요?

     나 설탕인 줄 알았는데 _____

(4) 가 졸업하니까 어때요? 좋지요?

     나 아니요, 학교 다닐 때는 빨리 졸업하고 싶었는데 _____

(5) 가 휴대폰을 잃어버렸다면서요?

     나 네, 버스에서 _____

◎ [보기] 와 같이 배운 문법을 사용해서 글을 완성해 보세요.

1 어떤 일을 한 것을 잊어버려서 문제가 생긴 적이 있습니까? 잘 확인하지 않아서 실수한 경험을 [보기] 와
   같이 써 보세요.

> [보기] 나는 지난 방학에 고향에 다녀왔는데 한국 집에 돌아오자마자 깜짝 놀랐다. 고향에 가는
> 날 아침에 너무 정신이 없어서 에어컨을 <u>켜 놓고</u> 그냥 고향에 다녀왔다. 그래서 2주 동안
> 집에 계속 에어컨이 켜져 있었고 전기 요금이 아주 많이 나왔다.

_____

_____

_____

_____

2 어떤 일을 했는데 몰랐던 것을 알게 되었거나 그동안 생각했던 것과 달랐던 적이 있었습니까?
   [보기] 와 같이 써 보세요.

> [보기] 어제 오랜만에 만난 친구와 같이 술을 마셨다. 기분이 좋아서 평소보다 술을 많이 마시고
> 집에 늦게 들어갔더니 아침에 늦잠을 잤다. 깜짝 놀라서 서둘러 씻고 보이는 옷을 그냥
> 입었는데 입고 보니 룸메이트의 옷이었다. 갈아입을 시간이 없어서 그냥 집에서 빨리 나왔
> 는데 지하철을 <u>타고 보니</u> 신발이 서로 달랐다. 너무 창피해서 다시 집에 가고 싶었다.

_____

_____

_____

_____

어휘와 표현

○ 빈칸에 알맞은 말을 쓰세요.

상품   판매   구매   거래   결제

1. 요즘은 집 근처의 편의점을 많이 이용하는 편이지만 다양한 _____ 을/를 구경하려면 대형 마트에 가는 것이 좋다.

2. 요즘은 현금을 받지 않아서 카드로만 _____ 해야 하는 가게들이 많다.

3. 친구는 화장품 가게에서 화장품을 _____ 하는 아르바이트를 하고 있다.

4. 우리 회사는 중고 물건을 _____ 하는 일을 하고 있습니다.

5. _____ 을/를 원하시면 직원을 불러 주십시오.

중고   후기   사기   확인하다   구입하다

6. 물건을 사기 전에 다른 사람들이 그 물건을 사용해 보고 쓴 _____ 을/를 보면 도움이 된다.

7. 이 가방은 _____ –(으)ㄴ 지 10년이 지났지만 아직도 새것 같다.

8. 우유는 상하기 쉬우니까 꼭 날짜를 _____ –(으)ㄴ 후에 사도록 하세요.

9. 요즘 _____ 서점을 이용하는 사람이 많은데 이곳에 가면 원하는 책을 싼 가격에 살 수 있고, 더 이상 읽지 않는 책을 팔 수도 있다.

10. 인터넷에서 중고 물건을 구입할 때는 _____ 을/를 당하지 않도록 조심해야 한다.

N에다(가)

카린 씨, 파티 준비를 도와준다고 해서 고마워요. 먼저 집에 도착하면 차는 (1)_____ 주차 하면 돼요. 코트는 (2)_____ 걸고, 꽃은 (3)_____ 꽂아 주세요. 음식은 (4)_____ 넣어 놓았으니까 꺼내서 (5)_____ 놓아 주세요. 늦어서 미안해요. 빨리 갈게요!

읽기 1

[1-2] 다음을 읽고 질문에 답하세요.

소파를 판매합니다. 사진으로 볼 때는 마음에 들었는데 구입하고 보니 방에 어울리지 않아서 판매합니다. 구입한 지 일주일밖에 안 돼서 새 상품과 마찬가지입니다. 사진을 확인해 보시면 아시겠지만 상태가 아주 좋습니다. 크기가 커서 택배는 불가능하고 직접 오셔서 가지고 가셔야 합니다. 거래 가능 시간은 평일 저녁 6시 이후인데, 혹시 ㉠ 문고리 거래를 원하시는 분은 입금 후 연락 주세요. 문 앞에다가 놓아 둘 테니까 편하신 시간에 가져가시면 됩니다. 그리고 교환이나 환불은 불가능하니 참고하시기 바랍니다.

1. 위 글을 읽고 상품에 대해 알 수 <u>없는</u> 것은 무엇입니까? (   )
   ① 구입 시기   ② 구입 가격
   ③ 거래 가능 시간   ④ 교환 및 환불 여부

2. 다음 중 ㉠ 문고리 거래는 어떤 사람이 하면 좋습니까? (   )
   ① 물건을 택배로 받고 싶은 사람
   ② 교환이나 환불을 받고 싶은 사람
   ③ 판매자를 직접 만나고 싶지 않은 사람
   ④ 물건을 직접 확인한 후 사고 싶은 사람

읽기 2

[1-2] 다음을 읽고 질문에 답하세요.

　　'오이 마켓'은 같은 동네에 살고 있는 이웃과의 중고 거래를 도와주는 서비스이다. ㉠ 서비스에 가입한 후에 살고 있는 동네를 인증하기만 하면 집 근처 이웃들이 팔려고 올려놓은 다양한 중고 물품들을 쉽게 만날 수 있다. 그런데 인터넷을 이용한 중고 거래는 예전부터 있었고 더 큰 곳도 많은데 '오이 마켓'이 이렇게 인기를 끌고 있는 이유는 무엇일까?

　　㉡ 먼저 '오이 마켓'은 동네를 인증해야 물건을 거래할 수 있기 때문에 근처에 사는 이웃과 직접 만나 물건을 확인한 후에 거래를 한다. 그래서 사기를 당할 위험이 적은 편이다. ㉢ 다른 온라인 중고 거래는 보통 택배를 이용하기 때문에 판매자가 돈을 받고 물건을 보내지 않거나 원하지 않아도 이름, 주소, 연락처 등 구매자의 개인 정보를 알려 줘야 했는데 '오이 마켓'은 직접 만나서 거래하기 때문에 물건의 상태를 확인할 수 있고, 개인 정보를 알려 주지 않아도 된다. ㉣

1. 다음 보기 의 문장이 들어갈 곳으로 알맞은 것은 무엇입니까? (　　　)

> 보기　　또한 '오이 마켓'에서는 물건을 사고파는 것뿐만 아니라 '무료 나눔'도 할 수 있다.

① ㉠　　　　　　② ㉡　　　　　　③ ㉢　　　　　　④ ㉣

2. 위 글을 읽고 바르게 이해한 것을 고르세요. (　　　)
　① 오이 마켓은 가장 큰 중고 마켓이다.
　② 오이 마켓은 다른 중고 마켓에 비해 장점이 많다.
　③ 오이 마켓은 동네를 알려 주지 않아도 거래를 할 수 있다.
　④ 오이 마켓에서 사기를 당하지 않으려면 개인 정보를 꼭 알려 줘야 한다.

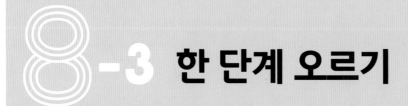

8-3 한 단계 오르기

○ 다음 문법과 표현을 사용하여 이용해 본 시설이나 서비스에 대한 후기를 써 보세요. (300자 이내)

- 무엇을 이용해 봤습니까? (앱, 맛집, 배달, 숙소, 교통 등) 이것의 장점과 단점은 무엇이었습니까?
- 이것에 대해 바라는 것이 있다면 무엇입니까?

※ 아래 제시된 문법 중에서 3개 이상을 사용하세요.

- ☐ V-고 보니(까)
- ☐ V-기 위해서
- ☐ V-아/어 놓다/두다
- ☐ V-았/었더니
- ☐ A/V-(으)ㄹ 뿐(만) 아니라

music

CHAPTER

일상의 문제

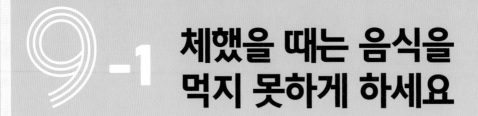

9-1 체했을 때는 음식을 먹지 못하게 하세요

V-이/히/리/기/우- (사동)

먹다	먹이다	울다	울리다	벗다	벗기다	입다	입히다	자다	재우다
죽다	죽이다	살다	살리다	씻다	씻기다	앉다	앉히다	서다	세우다
붙다	붙이다	알다	알리다	신다	신기다	눕다	눕히다	타다	태우다
끓다	끓이다	듣다	들리다	맡다	맡기다	맞다	맞히다	쓰다	씌우다
보다	보이다	돌다	돌리다	빗다	빗기다	읽다	읽히다	깨다	깨우다
줄다	줄이다	늘다	늘리다	감다	감기다	익다	익히다	차다	채우다

1 빈칸에 알맞은 말을 써 보세요.

(1) 아침마다 아이들을 _____ -는 일이 제일 힘들어요.

(2) 안내문은 학생들이 잘 볼 수 있게 교실 앞에다 _____ -아/어 주세요.

(3) 날씨가 갑자기 추워졌어요. 밖에 나갈 때 아이한테 두꺼운 양말을 _____ -고
옷도 따뜻하게 _____ -(으)세요.

(4) 할머니는 아이를 의자에 _____ -고 밥을 _____ -ㄴ/는다.

2 보기 와 같이 대화를 완성하세요.

> 보기　가 배탈이 나서 밥을 못 먹어요.
>
> 　　　나 그래도 굶으면 안 되지요. 죽이라도 <u>끓여</u> 드세요.

(1)　가 짐이 많은데 어떻게 하지?

　　나 걱정하지 마. 호텔에다가 _____

(2)　가 카린 씨가 이번 시험에서 떨어졌대요.

　　나 저런, 많이 속상하겠네요. 다른 사람들한테는 아직 _____

(3) 가 비가 많이 오는데 어떻게 왔어요? 우산도 안 가지고 갔잖아요.

　　나 친구가 지하철역까지 _____

(4) 가 TV 소리가 너무 커요. 시끄러워서 아기가 못 자요.

　　나 미안해요. _____

(5) 가 홍대 정문 앞에서 내려 드리면 될까요?

　　나 네, 저기 횡단보도 앞에서 _____

V-게 하다

③ 보기 와 같이 대화를 완성하세요.

　　보기 가 술은 못 마셔요?

　　　　나 네, 의사 선생님이 <u>마시지 못하게 하셨거든요.</u>

(1) 가 첸 씨가 살이 많이 빠졌네요.

　　나 네, 야식을 자주 먹었는데 한 달 전부터 제가 _____

(2) 가 한국어 발음이 많이 좋아졌네요. 무슨 비결이 있어요?

　　나 제가 한국 음악을 자주 듣는다고 하니까 친구가 _____

(3) 가 친구가 꼭 밤에 운동을 하러 나가는데 위험한 것 같아서 걱정이에요.

　　나 맞아요. 밤에는 위험하니까 _____

(4) 가 아이가 다 나은 것 같은데 이제 아이스크림을 먹여도 될까요?

　　나 네, 하지만 _____

(5) 가 친구가 이번 방학에 부모님하고 제주도에 간대요.

　　나 그래요? 제주도는 맛집도 많고 구경할 데도 많으니까 가기 전에 _____

　　　　_____

◯ 배운 문법을 사용해서 글을 완성해 보세요.

① 친구가 여행을 가면서 강아지를 맡겼습니다. 강아지를 돌본 이야기를 써 보세요.

친구의 부탁

또또는 하루에 밥을 두 번 먹어. 아침에 일어나자마자 **밥을 먹고** 밥을 먹은 후에 꼭 **물을 마셔.** 물을 안 마시면 소화를 잘 못 시키거든. 그리고 산책을 꼭 시켜야 하는데 요즘 날씨가 쌀쌀하니까 산책을 나갈 때 꼭 **옷을 입어야 해.** 그리고 **신발도 신으면 좋아.** 그리고 또또는 알레르기가 심해서 **사람이 먹는 음식을 먹으면 안 되니까** 아무리 달라고 해도 주면 안 돼. 잘 때는 침대에서 같이 자면 불편하니까 또또는 혼자 **자도 돼.**

어제 친구가 여행을 가면서 또또를 맡기고 갔다. 또또는 너무 귀여운 강아지여서 우리집에서 2박 3일동안 같이 산다고 생각하니까 너무 행복했다. 하지만 또또를 돌보는 일은 생각보다 힘들었다. 먼저 아침에 일어나자마자 아침을 먹이고 물을 마시게 했다. _____

_____

_____

_____

_____

_____

_____

어휘와 표현

○ 빈칸에 알맞은 말을 쓰세요.

체하다   삐다   부러지다   찢어지다   베이다

꿰매다   붓다   토하다   깁스를 하다   소독하다

1. 가 그릇이 깨져서 손이 좀 _____ -았/었어요.
   나 다행히 많이 다치지는 않았네요. 우선 _____ -고 밴드를 붙여 드릴게요.

2. 가 교통사고가 났다면서? 소식을 듣고 너무 깜짝 놀라서 전화했어.
   나 응, 많이 다치지는 않았는데 다리가 _____ -아/어서 _____ -았/었어.
      한 달 정도는 운동하러 못 갈 것 같아.

3. 가 아이가 저녁에 고기를 많이 먹고 _____ -(으)ㄴ 것 같아요.
   나 그럼 먹은 음식을 다 _____ -게 하세요.

4. 가 많이 다쳤어요?
   나 네, 넘어져서 다리가 _____ -았/었어요. 집에서는 치료할 수 없고 병원에 가서
      _____ -아/어야 할 것 같아요.

5. 가 발이 왜 그래요? 많이 _____ -았/었네요.
   나 테니스를 치다가 _____ -았/었어요. 약을 발랐으니까 곧 괜찮아질 거예요.

비상약   증상   호흡   신고   응급 처치

가 여보세요? 119죠? 여기 사람이 쓰러졌는데요.
나 우선 숨을 쉬고 있는지 6. _____ 부터 확인해 주세요. 다른 7. _____ 은/는 없나요?
가 네, 그런데 땀을 많이 흘리세요. 8. _____ 이/가 필요할까요?
나 그럼 먼저 물을 좀 마시게 해 주시고 눕혀 주세요. 오히려 위험할 수 있으니까 9. _____
   같은 것은 먹이지 마시고 구급차가 도착할 때까지 10. _____ 을/를 하신 분이 환자 옆에서
   같이 기다려 주세요.

오늘의 표현

A/V-아/어 가지고

　지난 주말에 농구를 하다가 팔이 (1)_____ 깁스를 했다. 그런데 오른손을 쓸 수 없어서 생활하는 데 불편한 점이 너무 많았다. 룸메이트가 집안일을 다 해 주었고 학교에서는 친구들이 이것저것 많이 도와 줘서 너무 고마웠다. 깁스를 풀면 직접 손 편지를 (2)_____ 선물과 함께 친구들에게 줘야겠다.

듣기 1

Track 05

◎ 잘 듣고 빈칸을 채우세요.

아이의 엄마는 아이가 갑자기 1. _____ -아/어서 119에 신고 전화를 했다. 아이는

저녁을 먹다가 얼굴이 빨개지면서 입 주위가 2. _____ -고 기침을 심하게 했다.

3. _____ -고 곧 쓰러질 것 같아서 엄마는 걱정하고 있다. 구급 대원은 엄마에게

아이를 바닥에 4. _____ -고 아이의 호흡을 5. _____ -게 했다.

듣기 2

Track 06

[1-3] 다음 대화를 잘 듣고 질문에 답하세요.

1. 심폐 소생술은 어떤 상황에서 실시하는 응급 처치 방법입니까?

( )

2. 다음 중 잘못된 응급 처치는 무엇입니까? ( )

① 뜨거운 물에 데었을 때는 상처를 흐르는 물로 식혀야 한다.

② 덴 곳은 아무것도 감싸지 않고 그대로 병원으로 가야 한다.

③ 찢어져서 피가 날 때는 상처를 눌러 피를 멈추게 해야 한다.

④ 다리가 삐었을 때는 다리를 심장보다 높게 올리고 있어야 한다.

3. 대화를 듣고 잘 이해한 사람은 누구입니까? ( )

① 엠마: 칼에 베여서 피가 나면 바로 소독부터 해야 해.

② 빈: 찢어진 상처가 커도 소독만 잘하면 꿰매지 않아도 돼.

③ 올가: 삔 곳은 금방 부으니까 수건에 싼 얼음으로 차갑게 해 줘야 해.

④ 파티마: 덴 곳은 빨리 식히는 게 중요하니까 얼음을 이용하면 더 좋겠네.

9-2 화면이 안 나오면 전원을 껐다가 다시 켜 보세요

아무 N(이)나, 아무 N도

1 보기 와 같이 대화를 완성하세요.

> 보기
> 가 둘 중에 어떤 걸로 드릴까요?
> 나 <u>아무거나</u> 주세요.

(1) 가 제가 살게요. 뭐 드실래요?

　　나 저는 _____. 드시고 싶은 걸로 주문하세요.

(2) 가 아까 뭐라고 하셨죠?

　　나 저요? _____. 다른 사람이 말씀하셨나 봐요.

(3) 가 저 소리 들려? 밖에 무슨 일이 있나 봐.

　　나 그래? _____. 네가 잘못 들은 거 아니야?

(4) 가 이제 식사해도 되지요?

　　나 네, 하지만 _____. 죽처럼 부드러운 음식을 드세요.

(5) 가 그 학교는 입학하기가 아주 어려운 모양이에요.

　　나 그럼요. 공부도 잘해야 하지만 학비가 비싸서 _____

V-았/었다(가) V

2 보기 와 같이 대화를 완성하세요.

> 보기   가 더운데 왜 창문을 닫았어요?
>
>   나 아까 <u>열었다가</u> 너무 시끄러워서 다시 닫았어요.

(1)   가   친구 집에 간다고 했잖아요. 왜 벌써 왔어요?

      나 _____

(2)   가   12시가 넘었는데 왜 아직 안 자요?

      나 _____

(3)   가   병원에 입원했다고 들었는데 벌써 다 나았어요?

      나   네, _____

(4)   가   휴대폰이 조금 이상한 것 같아요.

      나   그럼 휴대폰을 _____

(5)   가   지난번에 산 옷을 입고 올 줄 알았는데요.

      나 _____

● 보기 와 같이 배운 문법을 사용해서 글을 완성해 보세요.

1 어떤 문제(고장, 병, 사고 등)가 생겨서 불편했던 적이 있습니까? 보기 와 같이 써 보세요.

> 보기   내 휴대폰은 산 지 오래돼서 가끔 문제가 생긴다. 그래도 사용할 수는 있었는데 지난 주말에는 갑자기 소리가 안 들리더니 화면도 나오지 않았다. 휴대폰이 고장이 나서 <u>아무것도</u> 할 수 없었다. 내일 휴대폰을 사러 가려고 하는데 친구가 <u>아무 데서나</u> 사지 말라고 해서 어디가 좋은지 알아보려고 한다.

_____

_____

_____

_____

2 어떤 상황 때문에 예정대로 되지 않았던 적이 있습니까? 보기 와 같이 써 보세요.

> 보기   오늘은 중요한 약속이 있는 날이었다. 아침에 일찍 일어나서 화장을 하고 옷을 입었는데, 미리 준비해 둔 치마를 입었다가 마음에 들지 않아서 바지로 갈아입었다. 그리고 모자를 <u>썼다가</u> 옷하고 어울리지 않는 것 같아서 모자는 쓰지 않기로 했다. 그리고 새로 산 신발을 <u>신었다가</u> 저녁에 비가 온다고 해서 다른 신발로 갈아 신었다. 약속 시간에 늦을 것 같아서 지하철역까지 뛰어가서 지하철을 <u>탔다가</u> 반대 방향으로 가는 지하철이라서 다시 내렸다. 정말 울고 싶은 날이었다.

_____

_____

_____

_____

어휘와 표현

○ 빈칸에 알맞은 말을 쓰세요.

액정이 깨지다 　　　　 화면이 안 나오다 　　　　 온도 조절이 안 되다

얼음이 녹다 　　　　 충전이 안 되다

켜다 　　　 틀다 　　　 끄다 　　　 꽂다 　　　 뽑다 　　　 잠그다

1. 가 휴대폰을 바닥에 떨어뜨려서 _____ -았/었어요.

　 나 위험할 수도 있으니까 얼른 바꾸는 게 좋겠어요.

2. 가 에어컨이 고장 난 것 같아요. _____ -아/어서 에어컨을 켜도 더워요.

　 나 에어컨이 오래되면 그럴 수도 있어요. 먼저 플러그를 _____ -고 청소를 해 보세요.

3. 가 실수로 노트북을 바닥에 떨어뜨렸는데 _____ -아/어요.

　 나 그럼 전원을 _____ -았/었다가 다시 _____ -아/어 보세요.

　　 그래도 안 되면 A/S 센터에 가지고 가세요.

4. 가 뜨거운 물이 잘 안 나와서 샤워하기가 힘들어요.

　 나 그럴 때는 물을 _____ -았/었다가 조금 후에 다시 _____ -아/어 보세요.

5. 가 냉장고를 바꿔야 할 것 같아요. _____ -고 냄새도 심해요.

　 나 우리가 결혼할 때 샀으니까 바꿀 때도 됐어요.

6. 가 휴대폰 배터리에 문제가 있나 봐요. _____ -아/어요.

　 나 충전기 문제일지도 몰라요. 충전기를 잘 _____ -았/었는지 확인해 보세요.

오늘의 표현

A-(으)ㄴ지 안 A-(으)ㄴ지 모르겠다
V-는지 안/못 V-는지 모르겠다

　　오늘은 수업이 끝나고 우리 반 친구와 점심을 먹으려고 하는데 그 친구가 신입생이라 학교 주변을 잘 몰라서 내가 장소를 정해야 한다. 학교 앞에 유명한 식당이 있어서 거기에 가 보고 싶은데 가격이 (1)_____

_____ -아/어서 아직 결정하지 못했다. 너무 비싸면 다른 맛집에 가려고 하는데 그 식당이 점심에 (2)_____.

읽기 1

[1-2] 다음을 읽고 질문에 답하세요.

　　그런데 ㉠ 이러한 내용이 들어 있는 제품 설명서는 고객만을 위해 만든 것은 아닙니다. 고객이 제품 설명서를 잘 사용하면 제품에 문제가 생기는 것도 줄일 수 있고 간단한 문제는 ㉡ 서비스 센터에 가지 않아도 되기 때문에 기업에도 중요한 문서라고 할 수 있습니다.

1. ㉠ 이러한 내용에 해당하지 않는 것은 무엇입니까? (　　　)
   ① 제품의 기능 및 장점
   ② 제품의 올바른 사용법
   ③ 고장 증상에 맞는 해결 방법
   ④ 고객의 문의에 대답하는 방법

2. 밑줄 친 ㉡의 의미로 맞는 것을 고르세요. (　　　)
   ① 새 제품으로 교환해 준다.
   ② 서비스 센터 직원이 집으로 온다.
   ③ 문제의 해결 방법을 전화로 알려 준다.
   ④ 고객이 스스로 문제를 해결할 수 있다.

읽기 2

[1-2] 다음을 읽고 질문에 답하세요.

질문	㉠ _____?
답변	고객님, 안녕하세요? 먼저 저희 제품으로 불편을 드려 죄송합니다. 냉동실에 넣어 놓은 음식이 녹는 경우라면 먼저 다음과 같이 해 보시기 바랍니다.

첫째, 냉동실 문이 덜 닫혀 약간이라도 열리게 되면 앞의 경우와 마찬가지로 냉동실 안의 온도가 올라갈 수 있습니다. 냉동실 문이 잘 닫혀 있는지, 혹시 냉동실 안에 있는 물건 때문에 냉동실 문이 열려 있지 않은지 잘 확인해 보시기 바랍니다.

둘째, 날씨가 더워지면서 냉동실 문을 자주 열고 닫으면 냉동실 안의 온도가 올라갈 수 있습니다. 냉동실 온도를 더 낮게 조절하신 후 사용하시기 바랍니다.

이후에도 문제가 계속될 경우 서비스를 신청해 주세요. 직접 방문해서 문제를 해결하도록 하겠습니다. 감사합니다.

문제가 있어요	확인해 보세요	이렇게 해 보세요
냉동실에 있는 음식이 녹아요.	㉡	㉢

1. ㉠에 들어갈 내용으로 맞는 것을 써 보세요.

   (   )

2. ㉡에 들어갈 내용으로 맞는 것을 써 보세요.

   (   )

3. ㉢에 들어갈 내용으로 맞는 것을 써 보세요.

   (   )

9-3 한 단계 오르기

○ 다음 문법과 표현을 사용하여 아팠던 경험에 대해 써 보세요. (300자 이내)

• 어디가, 어떻게 아팠습니까? 아픈 이유는 무엇이었고 어떻게 했습니까?

• 아프고 난 후에 느낀 점은 무엇입니까?

※ 아래 제시된 문법 중에서 3개 이상을 사용하세요.

☐ V-게 하다   ☐ 아무 N(이)나, 아무 N도   ☐ V-았/었다가

☐ V-고 보니까   ☐ V-(으)ㄹ 수 있을지 걱정이다   ☐ A/V-(으)면 A/V-(으)ㄹ수록

music

생활 습관

10-1 빈 씨가 예전에는 대충 먹더니 요즘에는 잘 챙겨 먹네요

A/V-더니

1 보기 와 같이 대화를 완성하세요.

> 보기 가 첸 씨는 아직 안 왔어요?
>
> 나 교실에 <u>오더니</u> 지갑을 들고 다시 나갔어요.

(1) 가 친구가 생일 선물을 마음에 들어했어요?

　　나 네, _____

(2) 가 요즘 두 사람이 인사도 안 하던데, 혹시 싸웠어?

　　나 응, _____

(3) 가 카린이 드라마 때문에 그 배우의 팬이 됐다고 들었는데 맞아?

　　나 응, _____

(4) 가 파티마 씨가 성적이 떨어졌다고 하던데요. 혹시 요즘 매일 놀아서 그런 거예요?

　　나 맞아요, _____

(5) 가 요즘 파비우 씨가 좀 우울해 보이던데 무슨 일인지 알아요?

　　나 아, 몰랐어요? 얼마 전에 여자 친구와 헤어졌잖아요. _____

　　　_____

A/V-(으)ㄹ걸(요)

2 보기 와 같이 대화를 완성하세요.

> 보기   가 마크 씨는 아직 안 왔어요?
>
> 나 병원에 간다고 하던데요. 아마 오늘은 안 <u>올걸요</u>.

(1) 가 파비우 씨가 오늘은 일찍 올까요?

   나 파비우 씨는 수업에도 항상 5분쯤 늦게 오잖아요. _____

(2) 가 시험이 8과부터지요?

   나 아니요, 지난 시험이 8과까지였으니까 _____

(3) 가 방학이니까 도서관도 문을 닫았겠지요?

   나 _____. 방학에도 공부하는 학생들이 있잖아요.

(4) 가 엠마 씨에게도 같이 밥을 먹으러 가자고 물어볼까요?

   나 네, 좋아요. 하지만 요즘 바쁘다고 했으니까 _____

(5) 가 카린 씨는 화장실에 갔어요? 오늘은 많이 마셨으니까 카린 씨가 오면 그만 집에 갈까요?

   나 카린 씨가 _____
       술을 마신 다음에는 항상 노래방에 가자고 하잖아요.

◯ 보기 와 같이 배운 문법을 사용해서 글을 완성해 보세요.

1 보기 와 같이 여러분이 아는 사람에 대해 써 보세요.

보기

내 동생은 어릴 때부터 운동을 <u>좋아하더니</u> 요가 강사가 됐다.
요가 강사로 일하기 <u>시작하더니</u> 더 건강해졌다. 음식도 예전에는
<u>시켜 먹더니</u> 요즘은 재료를 사다가 직접 만들어 먹는다.

_____

_____

_____

_____

2 아래 대화를 읽으며 메시지를 완성해 보세요.

보기

미안, 나 조금 늦을 것 같아.

그래? 나는 지금 도착했어.

다른 친구들은 다 왔어?
카린이 길을 모른다고 걱정하던데.

아직 아무도 안 왔어.
카린은 약속 시간을 잘 지키니까
<u>늦지 않게 올걸</u>.

길을 모르면 연락하겠지. 파비우는?

파비우는 아르바이트 때문에
_____.

아, 마크는 어떻게 됐어?
동아리 일정을 확인해 본다고 했잖아.

마크는 아직 연락이 없는데
_____.

그래, 알겠어. 금방 갈게.
조금만 기다려 줘.

응, 조심해서 와.

어휘와 표현

○ 빈칸에 알맞은 말을 쓰세요.

| 탄수화물 | 지방 | 영양분 | 단백질 | 비타민 | 식습관 |

1. 건강을 위해서 음식을 먹을 때 다양한 _____을/를 섭취할 수 있도록 신경을 써야 한다.

2. 한국 사람들이 식사 때 주로 먹는 밥, 면, 빵 등에는 _____이/가 포함되어 있다.

3. 살이 찔까 봐 삼겹살, 튀김 등 _____이/가 들어 있는 음식을 무조건 피하는 사람도 있다.

4. 평소에 _____이/가 많이 들어 있는 과일이나 채소를 먹으면 건강을 지키는 데 도움이 된다.

5. 음식 문화는 나라마다 다르지만 바람직한 _____은/는 비슷하다.

6. 운동선수들은 _____이/가 부족하면 운동에 필요한 근육이 잘 생기지 않기 때문에 고기를 충분히 먹어야 한다.

제때 먹다	제대로 챙겨 먹다	급하게 먹다
골고루 먹다	대충 먹다	적당히 먹다
편식하다	천천히 먹다	과식하다

7. 항상 같은 시간에 음식을 먹는 것도 중요한 것 같아요. 그래서 요즘은 밥을 _____ _____ –(으)려고 노력하는데 바빠서 마음처럼 안 되네요.

8. 어릴 때는 싫어하는 음식을 안 먹어서 _____ –ㄴ/는다고 혼난 적도 있지만 요즘은 _____ –게 됐어요.

9. 혼자 밥을 먹을 때 귀찮아서 요리를 하지 않고 _____ –는 사람도 있지만 건강을 생각해서 _____ –는 사람도 있어요.

10. 배가 많이 고팠나 보네요. _____ –(으)면 체할 수 있으니까 좀 _____ –(으)세요.

11. 가 소화제 있어? 아까 너무 많이 먹었나 봐.

  나 너 또 _____ –았/었어? 그렇게 많이 먹다가 몸이 안 좋아지면 어떡해?
  앞으로는 좀 _____ –는 게 어때?

A/V-(으)ㄹ 수도 있다

다른 나라에서 살면 다양한 경험을 할 수 있어서 좋다. 그러나 혼자 사는 생활을 기대했던 사람도 가족과 떨어져 혼자 지내다 보면 (1)_____. 그럴 때는 가족과 친구들에게 자주 연락하면 도움이 된다. 새로운 친구를 사귀는 것도 좋은 방법이다. 또, 음식이 입에 맞지 않아서 (2)_____. 그럴 경우 고향 음식을 직접 만들어 먹는 것이 좋다.

듣기 1

○ 잘 듣고 빈칸을 채우세요.

Track 07

카린   유학 오고 나서 외식도 자주 하고 1. _____.
      그렇게 2. _____ 건강이 안 좋아지더라.

파비우 나도 그래. 그래서 빈처럼 요리를 할까 생각 중이야.

카린   직접 만들어서 먹는 게 좋지. 빈도 건강 때문에 3. _____ 몸이 좋아졌잖아.

파비우 빈은 건강 때문이 아니라 살을 빼려고 4. _____.

카린   그래? 예전에는 패스트푸드를 많이 먹더니 요즘은 안 먹어서 5. _____.

듣기 2

Track 08

[1-3] 다음 대화를 잘 듣고 질문에 답하세요.

1. 지중해식 식단에 대한 설명으로 맞는 것을 고르세요. (   )

   ① 채소와 고기를 가공해서 먹는다.
   ② 단백질은 주로 닭고기나 해산물에서 섭취한다.
   ③ 이탈리아, 스페인 등에서 새로 생긴 식습관이다.
   ④ 살을 빼는 데에 효과적이라서 정신 건강에도 도움이 된다.

2. 여자의 발표 내용에 대한 설명으로 틀린 것을 고르세요. (   )

   ① 발표에 사용한 식습관의 뜻을 말했다.
   ② 다른 사람의 발표에 대해서도 말했다.
   ③ 생길 수 있는 문제와 그 문제를 해결하는 방법을 말했다.
   ④ 건강한 식습관을 키울 수 있는 방법을 구체적으로 말했다.

3. 친구들의 발표를 가장 잘 이해한 사람을 고르세요. (   )

   ① 리나: 식습관을 쉽게 바꾸는 방법은 없는 것 같아.
   ② 황남: 건강을 위해서 무엇을 어떻게 먹고 있는지 생각해 봐야겠어.
   ③ 에바: 건강을 유지하려면 먹는 것만큼 운동하는 것에도 신경을 써야 해.
   ④ 나영: 전통적인 음식이 몸에 좋으니까 앞으로는 우리나라 음식만 먹어야겠어.

10-2 혼자 사는 만큼 건강을 잘 챙겨야 할 텐데요

A-(으)ㄴ 만큼   V-는 만큼   N만큼

1 보기 와 같이 대화를 완성하세요.

> 보기　가 세상에서 누가 제일 소중해요?
>
> 　　나 <u>부모님만큼</u> 소중한 사람은 없어요.

(1)　가 이번 시험을 잘 못 볼까 봐 걱정이에요.

　　나 열심히 했으니까 너무 걱정하지 마세요. _____

(2)　가 공부하면서 아르바이트까지 하는 게 많이 힘들지요?

　　나 알게 되는 것도 많아요. _____

(3)　가 저 노트북 가격 봤어요? 정말 비싸던데요.

　　나 신제품이잖아요. _____

(4)　가 인생에서 가장 소중한 게 뭐라고 생각해요?

　　나 _____

(5)　가 한국 드라마를 보고 싶은데 뭐가 재미있는지 모르겠어요.

　　나 _____

A/V-아/어야 할 텐데

2 보기 와 같이 대화를 완성하세요.

> 보기 　가 내일 친구랑 캠핑을 가기로 했는데 날씨가 흐리네요.
>
> 　　　나 비가 <u>오지 않아야 할 텐데요</u>.

(1)　가 파비우 씨 고향에 비가 아주 많이 왔대요. 파비우 씨 고향 집은 괜찮을까요?

　　나 그러게요. _____

(2)　가 빈 씨가 넘어져서 다리에 깁스를 했대요.

　　나 저런, _____

(3)　가 엠마 씨가 급하게 해야 하는 일이 생겨서 오늘 같이 점심을 못 먹는대요.

　　나 아무리 바빠도 _____

(4)　가 동생이 오늘 대학교 면접을 보는데 너무 긴장한 것 같아요.

　　나 면접 때는 _____

(5)　가 마크 씨는 아직 안 왔어요?

　　나 네, 아직이에요. 영화가 곧 시작하니까 _____

56

56

◐ 보기 와 같이 배운 문법을 사용해서 글을 완성해 보세요.

① 유학 생활을 하면서 알게 된 것에 대해 보기 와 같이 써 보세요.

> 보기　나는 한국어를 배우면서 밤에 편의점에서 아르바이트를 하고 있다. 일하는 만큼 돈을 벌 수 있지만 일하는 데 시간을 쓴 만큼 공부할 시간이 부족하다. 또, 밤늦게까지 깨어 있는 만큼 항상 피곤하다. 힘들기는 하지만 친구들이 공부하면서 일하는 것만큼 어려운 것은 없다고 하면서 응원해 주니까 앞으로도 열심히 할 생각이다.

_____

_____

_____

_____

② 걱정되는 사람이 있습니까? 그 사람에 대해 보기 와 같이 써 보세요.

> 보기　내 친구는 대학생인데 편식이 심한 편이다. 건강을 생각해서 음식을 골고루 먹어야 할 텐데 고기만 먹어서 걱정이다. 또 장학금을 받으려고 밤늦게까지 공부하고 일주일에 이틀은 아르바이트도 하는데 주말에는 봉사 활동과 동아리 활동도 한다. 건강을 위해서 제대로 쉬어야 할 텐데 크게 아플까 봐 걱정이다.

_____

_____

_____

_____

어휘와 표현

○ 다음은 요가 자세에 대한 설명입니다. 빈칸에 알맞은 말을 쓰세요.

어깨만큼 벌리다   무릎을 굽히다   다리를 펴다

- 두 손과 다리를 <u>어깨만큼 벌린 후</u> -(으)ㄴ 후 몸을 △ 모양으로 만드세요.
- 자세가 힘들다면 1._____ -아/어도 됩니다. 익숙해진 다음에 2._____ -는 것이 좋습니다.

두 발을 모으다   아래로 숙이다   자세를 유지하다

- 다리를 펴고 편하게 앉은 후 3._____ -(으)세요.
- 숨을 깊게 들이마셨다가 내쉬면서 상체를 <u>아래로 숙이세요.</u> -(으)세요.
- 두 손으로 발을 잡고 10~15초 정도 4._____ -(으)세요.

무릎과 다리를 벌리다   상체를 뒤로 내리다   숨을 들이마시다

- 바닥에 무릎으로 서서 엉덩이만큼 <u>무릎과 다리를 벌리세요</u> -(으)세요.
- 두 손을 허리에 대고 천천히 5._____ -(으)세요.
- 고개를 뒤로 하면서 발 위에 손을 올리세요.
- 10초 정도 6._____ -(으)ㄴ 후 다시 내쉬면서 처음 자세로 돌아오세요.

V-기는 틀렸다

내일은 발표 시험이 있는 날이다. 열흘 전에 시험 안내를 받았지만 동아리 모임과 아르바이트 때문에 시험 준비를 하나도 못했다. 발표 주제도 못 정했고 말할 내용도 정리가 안 됐다. 시험을 (1)_____. 뿐만 아니라 이번 발표 시험은 50점이나 된다. 이 점수 없이 수료할 수 있을까? 다음 학기에 (2)_____ _____.

읽기 1

[1-2] 다음을 읽고 질문에 답하세요.

　　주말에 친구와 운동을 하기로 했다. 하지만 날씨도 덥고 주말에는 비가 온다는 일기예보도 있어서 속으로는 이번 주말에도 운동하기는 틀렸다고 생각했다. 토요일 오전, 친구는 나를 데리고 어떤 건물로 갔다. 그 건물 지하에 농구장이 있었다. 시원한 실내에서 농구를 하는 사람들을 보고 나도 모르게 눈이 커졌다.

　　"건강을 유지하려면 운동을 해야 할 텐데 이런 장소는 아직 모르는 것 같아서 같이 오고 싶었어. 나만큼 네 생각을 해 주는 사람도 없지?"

　　친구의 말에 ㉠ 고개를 끄덕일 수밖에 없었다.

1.　위의 글에서 알 수 있는 내용으로 맞는 것은 무엇입니까? (　　　)

　① 주말에는 날씨가 덥고 비가 왔다.

　② 나는 주말에 운동하는 것을 싫어한다.

　③ 나는 실내 농구장에 대해 알고 있었다.

　④ 친구는 나를 위해 운동할 곳을 소개했다.

2.　글쓴이가 ㉠와 같이 행동한 이유로 맞는 것은 무엇입니까? (　　　)

　① 친구의 말이 맞아서

　② 실내 농구장을 보고 놀라서

　③ 친구가 소개한 장소를 몰라서

　④ 건강 때문에 운동을 해야 해서

읽기 2

[1-2] 다음을 읽고 질문에 답하세요.

한 자세로 오래 앉아 있는 편입니까? 그 시간만큼 우리 몸에 문제가 생기기 쉽습니다. 1시간 이상 앉아 있었다면 아래 내용대로 천천히 몸을 움직여 보세요.

(ㄱ) 앞을 보고 서서 다리를 어깨만큼 벌리세요.

(ㄴ) 두 손을 잡고 팔을 머리 위로 쭉 편 후 숨을 깊이 들이마시고 내쉬세요.

(ㄷ) 상체를 천천히 옆으로 내린 후 자세를 20초 정도 유지하세요.

(ㄹ) 반대쪽도 똑같이 해 주세요.

스트레칭을 할 때에는 무리하지 않아야 합니다. 한쪽으로 스트레칭을 했다면 반대쪽도 똑같이 하면서 천천히 자신이 할 수 있는 만큼 움직이는 것, 이것만 잘 기억하면 됩니다.

1. (ㄱ)~(ㄹ)의 동작을 그림으로 표현해 보세요.

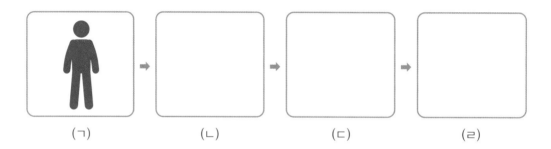

(ㄱ)   (ㄴ)   (ㄷ)   (ㄹ)

2. 스트레칭을 할 때 주의할 점은 무엇입니까?

(   )

60

실전 쓰기

⊙ 다음 문법과 표현을 사용하여 건강한 생활 습관에 대해 써 보세요. (300자 이내)

- 생활 습관을 바꾼 후 건강해진 사람을 알고 있습니까? 그 사람은 무엇을 어떻게 바꾸었습니까?
- 바꾸고 싶은 생활 습관이 있습니까? 그 이유는 무엇입니까?

※ 아래 제시된 문법 중에서 3개 이상을 사용하세요.

☐ A/V-더니　　　　☐ A/V-(으)ㄴ/는 만큼　　　　☐ V-게 하다
☐ N1에는 N2이/가 있고 N3에는 N4이/가 있다　　　　☐ A/V-(으)면 A/V-(으)ㄹ수록

music

CHAPTER

11

전통문화

한국의 예절을 잘 알던데 비결이 뭐예요?

A/V-던데

1 보기 와 같이 대화를 완성하세요.

학교 앞에 새로 생긴 식당이 맛있다 •   • 내일 가다

이따가 비가 온다고 하다 •   • 같이 가다

아까 보니까 컴퓨터실의 문이 닫혔다 •   • 무슨 일이 있다

한국 노래를 많이 알다 •   • 비결이 무엇이다

다음 주부터 시험 기간이다 •   • 같이 도서관에 가다

마크 씨가 선생님과 이야기하다 •   • 우산을 가지고 가다

보기   가 학교 앞에 새로 생긴 식당이 <u>맛있던데</u> 같이 갑시다.

         나 좋아요. 그럼 오늘 점심을 먹으러 갈까요?

(1) 가 _____

     나 네, 비를 맞지 않게 우산을 가지고 갈게요.

(2) 가 _____

     나 알려 줘서 고마워요. 내일 가야겠네요.

(3) 가 _____

     나 한국 노래를 자주 듣다 보니까 많이 알게 됐어요.

(4)　가 _____

　　　나　좋아요. 그럼 내일 수업 끝나고 도서관 앞에서 만납시다.

(5)　가 _____

　　　나　마크 씨가 요즘 자주 결석해서 출석률이 안 좋거든요.

A/V-기는(요)

2　[보기]와 같이 대화를 완성하세요.

> [보기]　가　너무 비싼 것 같은데요. 좀 깎아 주세요.
>
> 　　　　나　<u>비싸기는요</u>. 다른 가게에서는 더 비싸게 팔아요.

(1)　가　빈 씨가 오늘은 늦지 않았지요?

　　　나 _____. 오늘도 늦게 왔어요.

(2)　가　선생님, 가르쳐 주셔서 감사합니다.

　　　나 _____. 제가 해야 할 일인데요.

(3)　가　첸 씨의 여자 친구가 한국 사람이에요?

　　　나 _____. 중국 사람인데 한국어를 배운 지 오래됐대요.

(4)　가　이번에도 장학금을 받겠네요.

　　　나 _____. 저보다 시험을 잘 본 친구들이 얼마나 많은데요.

(5)　가　마크 씨와 친해지기 어려웠죠?

　　　나 _____. 마크 씨가 얼마나 재미있고 친절한데요.

● 보기 와 같이 배운 문법을 사용해서 글을 완성해 보세요.

① 그동안 우리 반 친구들에 대해 무엇을 알게 되었습니까? 친구들에 대해 알게 된 내용을 생각하며
　 보기 처럼 쓰고 부탁해 보세요.

> 보기　　카린 씨, 화장을 잘하던데 저도 좀 가르쳐 주세요. 엠마 씨, 제주도에 여행을 같이 갈
> 사람을 구하고 있다고 하던데 저랑 같이 갈래요? 제가 요즘 운동을 해서 무거운 짐도
> 잘 들 수 있거든요.

_____

_____

_____

② 마크 씨는 지난 주말에 여자 친구의 집에 다녀왔습니다. 아래의 글을 읽고 'A/V-기는(요)'를 사용해
　 올가 씨와 마크 씨의 대화를 완성해 보세요.

　　마크 씨는 지난 주말에 여자 친구의 집에 초대를 받아 다녀왔습니다. 올가 씨의 조언대로 여자
친구의 부모님께 드릴 꽃과 선물을 준비해 갔는데 여자 친구의 부모님께서 아주 좋아하셨습니다.
집에 들어갈 때 너무 긴장해서 신발을 벗고 들어가는 것을 잊어버렸습니다. 하지만 여자 친구의
가족들은 마크 씨가 외국인이니까 모르는 것이 당연하다고 말하면서 이해해 줬습니다.

올가　마크 씨, 여자 친구의 집에 잘 다녀왔어요?

마크　네, 올가 씨의 말대로 꽃과 선물을 드렸더니 아주 좋아하셨어요. 고마워요.

올가　_____. 여자 친구의 집에 가서 실수는 안 했지요?

마크　_____. 신발을 신고 집에 들어가서 모두 깜짝 놀랐어요.

올가　정말요? 여자 친구 가족들이 한국 문화를 너무 모른다고 기분 나빠했겠네요

마크　_____. 저도 걱정했는데 제가 외국인이라고 많이 이해해 주더라고요.

올가　정말 다행이네요.

어휘와 표현

○ 빈칸에 알맞은 말을 쓰세요.

신발을 신고 들어가다   그릇을 놓고 밥을 먹다
고개를 돌리고 술을 마시다   주머니에 손을 넣고 인사하다

1. 한국에서는 윗사람과 술을 마실 때 _____ –는 것이 예의이다.

2. 우리 나라에서는 그릇을 들고 밥을 먹지만 한국에서는 반대로 _____
   –아/어야 한다.

3. 우리 나라에서는 집에 _____ –지만 한국에서는 신발을 벗고 들어가야 한다.

4. 한국에서는 윗사람을 만났을 때 고개를 숙여서 인사하는데 이때 _____
   _____ –(으)면 안 된다.

예의   예절   바르다   권하다   어긋나다   겸손하다

5. 부모님이 유학을 _____ –아/어서 한국에 오게 됐습니다.

6. 같은 반 친구들에게 좋은 인상을 주기 위해서 예의 _____ –게 행동하고 있다.

7. 상대방의 나이가 아무리 어려도 처음부터 반말을 하는 것은 _____ 이/가 없는 행동이다.

8. 한국과 우리 나라의 식사 _____ 이/가 달라서 한국 사람과 밥을 먹을 때 실수를 한 적이 있다.

9. 내가 의사가 되기를 바라는 부모님의 기대와 _____ –지만 아이돌이 되고 싶은 나의 꿈을
   이루기 위해 열심히 노력하고 있다.

10. 한국에서는 상대방에게 칭찬을 받았을 때 자랑하기보다 _____ –게 행동해야 좋은 인상을
    줄 수 있다고 한다.

오늘의 표현

V-(으)려면 (아직/한참) 멀었다

처음 여자 친구의 집에 인사를 드리러 갔을 때 한국의 예절을 잘 몰라서 실수를 많이 했다. 그 후 여자 친구의
부모님이 조금 더 사귀어 보고 결혼을 결정하는 게 어떻냐고 하셨다는 이야기를 들었다. 그래서 요즘에는 열심히
한국의 예절에 대해 배우고 있는데 우리 나라와 다른 것이 많고 복잡해서 (1)_____
–(으)ㄴ 것 같다. 빨리 결혼하고 싶은데 (2)_____. 과연 언제쯤 결혼할 수 있을까?

듣기 1

◉ 잘 듣고 빈칸을 채우세요.

Track 09

엠마 　혹시 실수한 거 아니에요? 자세히 이야기해 보세요.

파비우 　특별한 건 없었어요. 밥을 먹을 때 그릇을 놓고 먹는 게 좀 불편해서 1. _____
　　　　식사를 했어요. 그리고 밥을 빨리 먹는 편이어서 친구의 부모님보다 일찍 식사가 끝났는데 기
　　　　다리는 게 어색해서 2. _____.

엠마 　파비우 씨가 한 행동은 모두 한국의 식사 예절에 3. _____.

파비우 　아, 그렇군요. 일부러 그런 건 아니었는데 … 친구 부모님께 좋은 인상을 남기고 싶었는데 너무
　　　　속상하네요. 제가 얘기해도 제 친구들은 4. _____
　　　　엠마 씨는 한국의 예절을 잘 아는 것 같아요. 부러워요.

엠마 　5. _____. 저도 한국의 예절을 다 6. _____.

듣기 2

Track 10

[1-3] 다음 대화를 잘 듣고 질문에 답하세요.

1. 윗사람을 만났을 때 예절에 맞게 행동한 사람이 아닌 것을 고르세요. (　　　)

　① 에바: 선생님께 두 손으로 물건을 드렸다.
　② 신지: 윗사람 앞에서 담배를 피우지 않았다.
　③ 리나: 술을 마시지 않지만 권하는 술을 받아 놓았다.
　④ 황남: 사장님이 뭐라고 할 때 눈을 쳐다보며 이야기를 들었다.

2. 대화가 끝난 후에 학생들이 이어서 할 행동으로 알맞은 것을 고르세요. (　　　)

　① 인터넷이나 책을 찾아본다.
　② 다른 학생들의 이야기를 듣는다.
　③ 한국 친구에게 전화해서 물어본다.
　④ 선생님에게 더 알려 달라고 부탁한다.

3. 대화를 듣고 한 생각으로 가장 알맞은 것을 고르세요. (　　　)

　① 리나: 마음만 있으면 예의 바르게 행동하는 건 중요하지 않아.
　② 황남: 이렇게 많은 예절을 배우려면 책을 사서 외우는 게 제일이겠어.
　③ 신지: 예절은 다 비슷할 테니까 한국이라고 해서 특별한 건 없을 거야.
　④ 에바: 한국에서 살다 보면 언젠가 예의 바르다는 이야기를 듣게 되지 않을까?

11-2 고향에 가려다가 여행을 다녀왔어요

V-(으)려다(가)

1 보기 와 같이 대화를 완성하세요.

> 보기
> 가 왜 숙제를 다 못 했어요?
> 나 숙제를 <u>하려다가</u> 친구가 부르는 바람에 나갔다 왔거든요.

(1) 가 다음 방학에 제주도에 여행을 간다면서요?

　　나 아니요, _____

(2) 가 우왜! 이 음식들을 모두 첸 씨가 만들었어요?

　　나 아니요, 시간이 없어서 _____ 배달을 시켰어요.

(3) 가 이사하느라 힘들었을 텐데 오늘도 운동하러 갔다 왔어요?

　　나 아니요, 힘들어서 _____

(4) 가 대학원에 진학해서 더 공부하고 싶다고 하더니 왜 입학 준비를 안 해요?

　　나 _____ 취직하기로 했거든요.

(5) 가 생활비가 부족해서 걸어 다닌다고 하더니 왜 택시를 타고 왔어요?

　　나 _____

V-는 바람에

2 보기 와 같이 대화를 완성하세요.

> 보기 가 왜 연락을 안 했어요?
>
> 　　　 나 휴대폰이 <u>고장 나는 바람에</u> 연락을 못 했어요.

(1) 가 왜 약속을 취소했어요?

　　　 나 _____

(2) 가 왜 비행기를 못 탔어요?

　　　 나 _____ 비행기를 놓쳤어요.

(3) 가 왜 다리를 다쳤어요?

　　　 나 눈이 많이 와서 길이 미끄럽더라고요. _____

(4) 가 왜 친구가 화가 났어요?

　　　 나 어제가 친구 생일이었거든요. _____

(5) 가 누구한테 전화를 걸었는데 그렇게 빨리 끊어요?

　　　 나 _____. 전화번호가 틀렸나 봐요.

◯ 보기 와 같이 배운 문법을 사용해서 글을 완성해 보세요.

1 살다 보면 계획을 바꿔야 할 때가 있습니다. 여러분의 유학 생활은 어떻습니까? 보기 처럼 계획했던 것과 달라진 일을 써 보세요.

> 보기 처음에는 한국어 실력에 대한 자신감이 부족해서 1급부터 들으려다 레벨 테스트를 보고 2급부터 한국어를 배우기 시작했다. 3급까지만 공부하고 고향에 돌아가려다가 너무 아쉬워서 4급까지 공부하기로 결정했다.

_____

_____

_____

_____

2 예상하지 못했거나 원하지 않았던 일 때문에 기분이 상했던 적이 있습니까? 보기 처럼 써 보세요.

> 보기 지난 주말에 바다를 보러 인천으로 당일치기 여행을 갔다. 아침에 늦게 일어나는 바람에 예약해 놓은 버스를 놓쳤다. 바다를 구경할 때에는 갑자기 바람이 부는 바람에 모자가 날아갔고, 모자를 잡으려고 뛰다가 넘어지는 바람에 휴대폰을 물에 빠뜨렸다. 다행히 휴대폰이 고장 나지는 않았지만 기분이 상해서 그냥 집으로 돌아왔다. 정말 되는 일이 없는 하루였다.

_____

_____

_____

_____

어휘와 표현

◉ 빈칸에 알맞은 말을 쓰세요.

| 풍습 | 미신 | 줄다 | 맞추다 | 쫓아내다 |

1. 추석에 송편을 먹는 것은 옛날부터 전해져 온 한국의 _____(이)다.

2. 내일 아침에 일찍 일어나야 해서 알람을 _____ -아/어 놓고 잠이 들었다.

3. 가격은 그대로인데 양이 _____ -았/었으니까 가격이 오른 거 아니에요?

4. 생선 가게 주인 아저씨가 가게 안으로 들어온 고양이를 가게 밖으로 _____ -았/었다.

5. 숫자 '4'나 '13'이 좋지 않다고 생각해서 병원이나 공항에 쓰지 않는 것은 _____(이)라고 할 수 있다.

| 빚다 | 지내다 | 돌리다 | 가래떡 |

6. 한국의 북쪽 지방에서는 만두를 _____ -아/어서 떡과 함께 끓인 '떡만둣국'을 설날 아침에 먹는다.

7. 종이 신문을 보는 사람들이 줄면서 신문을 _____ -는 아르바이트를 하는 사람을 찾아보기 어려워졌다.

8. 내가 제일 좋아하는 음식이 떡볶이인데 _____ (으)로 만든 떡볶이가 있다고 해서 먹어봤더니 너무 맛있어서 깜짝 놀랐다.

9. 한국 사람들은 설날과 추석에 차례를 _____ -ㄴ/는다. 설날에는 새해를 잘 부탁한다는 의미가, 추석에는 한 해 동안 먹을 음식을 얻을 수 있게 해 주셔서 감사하다는 의미가 있다고 한다.

V-아/어 왔다

'송편'은 추석에 먹는 대표적인 음식입니다. '송편'이라고 부르는 이유는 소나무 잎으로 쪄서 만들기 때문입니다. 그래서 예전부터 '송편'이라고 (1)_____. 송편은 반달 모양으로 만드는데 반달이 보름달로 커지는 것처럼 좋은 일이 더 많아지기를 바라면서 (2)_____.

읽기 1

[1-2] 다음을 읽고 질문에 답하세요.

'명절'에 대한 사람들의 생각은 어떻게 달라졌을까? 최근 발표된 조사 결과와 2010년의 조사 결과를 비교해 보면 명절 연휴 동안 고향을 방문하겠다고 대답한 사람과 명절 음식을 직접 만들겠다는 사람 모두 2010년에 비해 반 이상 준 것을 알 수 있다. 먹을 것이 풍부하지 않았던 과거에는 명절이 맛있는 음식을 먹을 수 있는 기쁜 날이었으며, 차례를 지내고 집안 어른들과 친척들에게 인사를 드리는 특별한 날이었다. 하지만 식재료가 풍부해지고 가족이 줄면서 명절에 대한 사람들의 생각이 달라지고 있다. 최근에는 명절 연휴를 쉴 수 있는 휴가 기간으로 생각하게 되었기 때문에 음식 준비에 시간을 쓰고 싶어하지 않는다고 할 수 있다.

1. 위 기사의 제목으로 알맞은 것은 무엇입니까? (   )

   ① 명절, 어떻게 달라지고 있는가

   ② 명절 음식, 어떻게 준비해야 할까

   ③ 명절 연휴 인기 여행지, 바로 여기

   ④ 달라진 명절, 그래도 전통은 지켜야

2. 명절의 모습이 변화하고 있는 이유가 아닌 것은 무엇입니까? (   )

   ① 집안 어른들께 인사를 드리느라 바빠서

   ② 예전에 비해 명절에 모이는 가족의 수가 적어져서

   ③ 아무 때나 영양이 풍부한 음식을 먹을 수 있게 돼서

   ④ 명절에 음식 준비 등 집안일을 하고 싶어하지 않아서

읽기 2

[1-2] 다음을 읽고 질문에 답하세요.

　한국인은 특별한 날에는 떡을 직접 만들어 먹어 왔습니다. 먼저 설날에는 떡국을 끓여 먹으면서 새해에는 건강하고 돈을 많이 벌기를 바랍니다. 추석에는 반달이 보름달이 되는 것처럼 앞으로 좋은 일이 많아지기를 빌며 반달 모양의 송편을 먹습니다. 태어난 지 100일이 된 날에는 오랫동안 건강하게 살기를 바라면서 백설기를 맞춰 나눠 먹습니다. 지금은 떡을 직접 만들어 먹는 사람은 거의 없습니다. 대부분 사다 먹거나 맞춰 먹습니다. 이렇게 풍습은 조금 달라졌지만 가족과 주변 사람들의 건강과 행복을 바라는 소중한 마음은 달라지지 않았습니다. 앞으로도 그 마음만은 그대로일 것입니다.

1. '시기'와 '풍습' 그리고 그 '의미'를 바르게 연결하세요.

설날 ·	· 떡국 ·	· 건강하게 오래 살기를 바람.
추석 ·	· 송편 ·	· 새해에는 부자가 되기를 바람.
백일 ·	· 백설기 ·	· 앞으로 좋은 일이 있기를 바람.

2. 위 글의 중심 생각은 무엇입니까? (　　　)
   ① 떡마다 의미가 다르다.
   ② 미신이라도 지키는 것이 좋다.
   ③ 풍습이 달라져도 마음은 같을 것이다.
   ④ 떡은 한국인의 삶에 큰 영향을 주었다.

11-3 한 단계 오르기

실전 쓰기

○ 다음 문법과 표현을 사용하여 자신의 경험과 생각을 써 보세요. (300자 이내)

- 예절을 잘 몰라서 당황하거나 실수한 적이 있습니까?
- 다른 나라의 예절을 배워야 한다고 생각합니까? 그 이유는 무엇입니까?

※ 아래 제시된 문법 중에서 3개 이상을 사용하세요.

☐ V-(으)려다(가)   ☐ V-는 바람에   ☐ V-아/어 왔다   ☐ A/V-(으)ㄴ/는 줄 몰랐다
☐ A/V-(으)면 A/V-(으)ㄹ수록   ☐ 이와 같이/이처럼   ☐ 즉   ☐ 따라서

12

적성과 진로

12 -1 노력 없이 성공했을 리가 없어요

V-(으)려던 참이다

1 보기 와 같이 대화를 완성하세요.

> 보기 가 이따가 오후에 뭐해요?
>
> 나 오후에요? 쇼핑을 <u>하려던 참이었어요.</u>

(1) 가 오늘 데이트 있다고 하지 않았어요? 왜 아직 안 나갔어요?

　　 나 지금 _____

(2) 가 주말인데 약속도 없고 너무 심심해요.

　　 나 _____ 같이 갈래요?

(3) 가 숙제 안 하니? 빨리 숙제해라!

　　 나 안 그래도 _____

(4) 가 점심에 뭐 먹을 거야?

　　 나 글쎄, 귀찮아서 _____

(5) 가 너 전화한다고 해 놓고 왜 전화 안 해?

　　 나 그렇지 않아도 _____

A/V-(으)ㄹ 리(가) 없다

2 [보기]와 같이 대화를 완성하세요.

> [보기]   가 비가 올지도 모르니까 우산을 가져가.
>
> 나 날씨가 이렇게 좋은데 비가 <u>올 리가 없어</u>. / 비가 <u>올 리가 있겠어?</u>

(1) 가 약을 먹었는데도 감기가 낫지를 않네.

나 쉬지도 못하고 그렇게 일을 많이 하니까 _____

(2) 가 어? 휴대폰이 고장 났나 봐. 화면이 이상해.

나 산 지 얼마 안 됐잖아. _____

(3) 가 엠마 씨가 시험을 못 본 것 같다고 걱정하던데요.

나 그렇게 시험 공부를 열심히 했는데 _____

(4) 가 제 친구가 그러는데 토픽 점수가 없어도 대학에 합격할 수 있대요.

나 _____. 학교에 확인해 봤는데 토픽 점수가 꼭 필요하다고 했거든요.

(5) 가 첸이 키우던 강아지를 다른 사람한테 보냈대.

나 뭐라고? 첸이 강아지를 얼마나 사랑하는데. 그 말이 _____

◯ 보기 와 같이 배운 문법을 사용해서 글을 완성해 보세요.

1 친구와 내가 동시에 같은 생각을 했던 경험이 있습니까? 보기 와 같이 써 보세요.

> 보기　나에게는 싸우고 연락을 안 한 지 1년이 넘은 친구가 한 명 있었다. 그런데 어느 날 우연히 카페에서 그 친구와 함께 듣던 노래가 나왔다. 그 노래를 들으니 친구가 보고 싶어져서 메시지를 보냈는데 바로 답이 왔다. 신기하게 그 친구도 그때 나와 같은 노래를 듣고 나에게 연락하려던 참이었다고 했다. 우리는 그날 바로 만나서 화해하고 다시 좋은 친구 사이가 되었다.

_____

_____

_____

_____

2 여러분이 최근에 들은 이야기나 뉴스 중에 믿을 수 없는 것이 있습니까? 보기 와 같이 써 보세요.

> 보기　얼마 전에 우리 반 친구에 대한 이야기를 들은 적이 있다. 그 친구는 주말에 카페에서 아르바이트를 하는데 노는 것을 아주 좋아해서 주말마다 아르바이트가 끝나면 클럽에 간다고 했다. 하지만 나는 그 말을 믿을 수가 없었다. 그 친구는 평소에 아주 조용하고 내성적이기 때문에 카페에서 아르바이트를 할 리가 없다. 그리고 클럽에 갔을 리도 없다. 진짜인지 아닌지 친구한테 직접 확인해 봐야겠다.

_____

_____

_____

_____

어휘와 표현

○ 빈칸에 알맞은 말을 쓰세요.

도전   성공   실패   재능   최고

1. 우리 아이가 외국어 공부에 _____이/가 있는 것 같아요. 누가 가르쳐주지 않았는데 혼자 TV를 보면서 영어를 배우더라고요.

2. _____은/는 3. _____의 어머니라는 말이 있잖아요. 결과에 너무 속상해하지 말고 이번 경험으로 많은 것을 배웠으면 좋겠어요.

4. 뭐든지 할까 말까 할 때는 하라는 말이 있어요. 나중에 후회하지 말고 우선 _____을/를 해 보세요.

5. 저는 앞으로 세계 _____의 가수가 되는 게 꿈이에요. 그 꿈을 위해 최선을 다해 노력할 겁니다.

꾸준하다   뛰어나다   발휘하다   타고나다   평범하다

6. 외국어 공부는 매일 _____-게 하는 것 이외에 특별한 방법이 없다.

7. 나는 식습관이 좋은 편도 아니고 운동도 안 하는데 특별히 아픈 데가 없는 걸 보면 정말 건강은 _____-(으)ㄴ 것 같다.

8. 너희들이 놀러 온다고 해서 급하게 솜씨를 _____-아/어 봤는데 맛이 있을지 모르겠다.

9. 이 교수님은 실력이 _____-(으)ㄹ 뿐만 아니라 쉽게 설명해 주셔서 학생들에게 인기가 많다.

10. 저는 큰 꿈이 없어요. 그냥 다른 사람들처럼 가족들과 _____-고 행복하게 사는 게 꿈이에요.

오늘의 표현

V-(으)ㄹ까 말까 하다

다음은 살면서 도움이 되는 이야기입니다.

(1) _____-(으)ㄹ 때는 사지 마라.   (2) _____-(으)ㄹ 때는 가라.

(3) _____-(으)ㄹ 때는 말하지 마라.   (4) _____-(으)ㄹ 때는 줘라.

여러분도 이 이야기가 맞다고 생각합니까?

듣기 1

Track 11

● 잘 듣고 빈칸을 채우세요.

남자는 피아노를 1. _____ –는 영상을 보고 있었는데 여자도 그 영상에 대해 알고

있었다. 두 사람 모두 피아니스트의 연주가 2. _____ –고 생각하는데 이런 연주를

할 수 있는 이유로 남자는 많이 3. _____ –기 때문이라고 생각하는 반면에 여자는

4. _____ –(으)ㄴ 재능 때문이라고 생각한다. 그리고 여자는 남자에게 5. _____

_____ –는 데에 재능이 있으니 6. _____ –(으)라고 추천했다.

듣기 2

Track 12

[1-3] 다음 대화를 잘 듣고 질문에 답하세요.

1. 다음 중 남자의 주장과 맞지 <u>않는</u> 말은 무엇입니까? (   )

① 하면 된다.

② 천재는 타고난다.

③ 노력 앞에는 장사 없다.

④ 하늘은 스스로 돕는 자를 돕는다.

2. 다음은 누구의 주장입니까?

	남	여
① 노력에 관한 말이 많은 이유는 성공에 노력이 중요하기 때문이다.	☐	☐
② '하면 된다'라는 말은 무책임한 표현이다.	☐	☐
③ 재능이 없어도 열심히 노력하면 예술 분야에서도 성공할 수 있다.	☐	☐
④ 재능을 잘 발휘하기 위해서는 어느 정도의 노력이 필요하다.	☐	☐
⑤ 성공하지 못한 사람들은 노력이 부족했기 때문이 아니다.	☐	☐

3. 대화를 듣고 잘 이해한 사람은 누구입니까? (   )

① 빈: 노력한 시간만큼 성공할 확률이 높아지는 것 같아.

② 엠마: 역시 성공하기 위해서는 무엇보다 목표가 확실해야 돼.

③ 파티마: 결국 성공하려면 타고난 재능에 꾸준한 노력도 필요하다는 말이네.

④ 올가: 재능이 뛰어나도 만 시간 정도 연습하지 않았다면 최고라고 할 수 없어.

진로를 급하게 결정해 버리면 안 돼요

V-아/어 버리다

1 보기 와 같이 대화를 완성하세요.

> 보기 가 고향에 잘 다녀왔어요?
>
> 나 아니요, 비행기를 <u>놓쳐 버려서</u> 못 갔어요.

(1) 가 아까 마시던 주스가 남았으면 저도 주스 좀 주세요.

　　나 어떡하죠? 목이 말라서 _____

(2) 가 토픽 시험 접수 기간이 언제까지였죠?

　　나 아직 접수를 안 했어요? 접수 기간은 벌써 _____

(3) 가 일이 많다고 하더니 어떻게 퇴근했어요?

　　나 너무 피곤해서 그냥 _____

(4) 가 아까 받은 영수증은 어디 있어요?

　　나 필요 없을 것 같아서 _____

(5) 가 매일 들고 다니던 가방을 요즘은 왜 안 들고 다녀요?

　　나 동생이 하도 달라고 해서 _____

V-(으)나 마나

2 보기 와 같이 대화를 완성하세요.

보기   가 이 영화가 재미있을까요?

나 포스터를 보니까 <u>보나 마나</u> 재미있을 것 같은데요.

(1) 가 좀 졸리면 커피를 마시고 할까요?

나 아니요, 저는 커피를 마셔도 졸리니까 _____

(2) 가 카린 씨한테 노래방에 갈 거냐고 물어볼까요?

나 카린 씨는 노래 부르는 걸 좋아하니까 _____

(3) 가 빈 씨가 안 오는데 좀 더 기다려 볼까요?

나 빈 씨는 매일 늦으니까 _____

(4) 가 이 옷이 잘 어울릴까요? 하얀색이라서 입어 볼 수 없대요.

나 _____. 한 장밖에 안 남았으니까 얼른 사세요.

(5) 가 저는 이번 모임에도 안 갈래요.

나 한국어를 써야 한국어가 늘지요. 그렇게 집에서만 지내면 _____

_____

○ 보기 와 같이 배운 문법을 사용해서 글을 완성해 보세요.

1 내가 한 행동 중에서 후회하는 일이 있습니까? 보기 와 같이 써 보세요.

> 보기   여자 친구와 전화를 하다가 너무 화가 나서 전화를 끊어 버렸다. 기분이 나빠서 늦게까지 술을 마시는 바람에 늦잠을 자 버렸다. 제때 일어나지 못해서 약속한 패션쇼에 늦어 버렸다. 너무 후회가 된다.

_____

_____

_____

_____

2 결과를 부정적으로 생각해서 포기했던 경험이 있습니까? 보기 와 같이 써 보세요.

> 보기   나는 원래 아이돌이 되고 싶었다. 하지만 춤을 잘 추지 못하니까 도전해 보나 마나 안 될 거라고 생각했다. 댄스 학원이라도 다니고 싶었지만 부모님께 말씀드리나 마나일 것 같았다. 결국 꿈을 포기했는데 텔레비전에서 아이돌을 볼 때마다 아쉽다. 도전해 볼 걸 그랬다.

_____

_____

_____

_____

어휘와 표현

◐ 빈칸에 알맞은 말을 쓰세요.

| 진로 | 진학 | 취업 | 인문계 | 자연계 | 예체능계 | 과목 |

1. 대학을 졸업한 후에 _____ 을/를 해야 할지 _____ 을/를 해야 할지 고민이에요.

2. 음악, 미술 등을 전공하려는 학생들, 즉 _____ (으)로 진학을 결정한 학생들은 어릴 때부터 입학 시험 준비를 시작한다.

3. 내 친구는 영어나 사회 같은 _____ 을/를 좋아해서 _____ 전공을 선택했고 나는 수학이나 과학을 좋아해서 _____ 전공을 선택했다.

4. 취직을 하고 나면 _____ 에 대해 더 생각하지 않아도 될 줄 알았는데 그렇지 않았다.

| 보람 | 영향 | 적성 | 진지하다 | 실망하다 |

5. 작년부터 입학 준비를 하느라 바빴는데 오늘 원하던 대학에 합격했다는 소식을 들었다. 지금까지 열심히 준비한 _____ 이/가 있어서 정말 기뻤다.

6. 유학 때문에 생각이 많아 힘들 때 친구가 내 이야기를 _____ –게 들어준 일이 큰 힘이 되었다.

7. 전공을 선택할 때에는 자신의 관심 분야와 _____ 을/를 생각해야 한다.

8. 청소년이 선호하는 직업은 TV 드라마나 연예인 등 대중문화의 _____ 을/를 받는 경우가 많다.

9. 그 친구는 모든 일에 적극적이라서 처음에는 배울 점이 많다고 생각했다. 하지만 약속 시간에 매번 늦는 것을 보고 그 친구에게 _____ –았/었다.

거의 다 V-아/어 가다

수업이 끝나고 반 친구와 점심을 먹기로 했다. 수업이 끝났는데 친구가 자리에서 일어나지 않아서 뭘 하냐고 물었다. 친구는 "숙제. (1)_____ –(으)니까 조금만 기다려 줘."라고 말했다. 친구는 내가 짐 정리를 끝내자마자 책과 필통을 가방에 넣기 시작했다. 친구가 괜찮은 식당이 있다고 해서 식당 위치도 모르고 친구를 따라 걸었다. 10분쯤 걷다가 친구에게 아직도 멀었냐고 물었더니 친구는 웃으며 (2)_____ –ㄴ/는다고 했다.

읽기 1

[1-2] 다음을 읽고 질문에 답하세요.

　　한국 학생들은 보통 고등학교에 갈 때에 진로에 대해 구체적으로 생각하게 된다. 그래서 어떤 고등학교에 갈지 결정한 학생들은 진로가 거의 다 정해졌다고 생각한다. 하지만 고등학생이 되었다고 해서 진로 고민이 끝나는 것은 아니다. 대학에 가지 않겠다고 생각했던 학생들도 졸업할 때가 되면 정말 대학에 진학하나 마나인지, 대학 진학을 포기해 버려도 되는지 걱정한다. 반대로 대학에 가겠다고 생각한 학생들도 대학에서 무엇을 전공하는 것이 좋을지, 그것이 이후에 자신에게 어떤 영향을 줄지 고민한다. 그렇다면 진로 문제로 고민하는 학생들이 받을 수 있는 도움에는 어떤 것이 있을까?

1. 위 글의 내용으로 맞는 것은 무엇입니까? (　　)

　① 고등학교에 입학하면 진로에 대한 고민은 끝난다.

　② 대학 진학이나 전공 결정은 자신의 인생에 큰 영향을 준다.

　③ 진로에 대해 구체적으로 생각하는 시기는 사람마다 다르다.

　④ 고등학교에 입학하기 전에 진로에 대해 가장 많이 생각한다.

2. 이어질 내용으로 맞는 것은 무엇입니까? (　　)

　① 좋은 대학교에 입학하는 과정

　② 전문가에게 진로 상담을 받는 방법

　③ 대학 진학을 포기한 학생을 도운 예

　④ 진로 고민이 있을 때 받을 수 있는 도움의 종류

12단원

읽기 2

[1-2] 다음을 읽고 질문에 답하세요.

청소년들의 진로 결정을 돕기 위한 것으로 진로 심리 검사가 있다. ㉠ 진로 심리 검사는 어떤 분야가 적성에 맞는지, 어떤 분야에 흥미가 있는지 등을 알 수 있도록 도와준다. ㉡ 그런데 어떤 학생은 자신이 좋아하는 과목이나 자신이 잘하는 과목을 자신의 적성이라고 생각하고 그 과목과 비슷한 전공을 선택해 버린다. 몇 가지 질문에 대답한 결과보다는 지금까지 스스로가 경험하고 느낀 것을 믿는 것이다. ㉢ 하지만 이렇게 자신의 경험과 느낌만으로 전공을 결정하는 것은 위험할 수도 있다. ㉣

1. 밑줄 친 부분과 같은 태도를 보인 사람은 누구입니까? (   )

① 빈: 취미가 일이 되어도 괜찮은지 고민이야.

② 카린: 지금까지 잘 맞았던 것 같으니까 앞으로도 괜찮을 것 같아.

③ 마크: 흥미 있는 분야가 생겨서 어떤 전공이 있는지 알아보려고 해.

④ 엠마: 그 일을 해 봐서 장단점을 알아도 생각하지 못한 점이 있을 수 있어.

2. 다음 보기 의 문장이 들어갈 곳으로 알맞은 것은 무엇입니까? (   )

보기　　중고등학교에서 배우는 과목은 많지 않을 뿐만 아니라 대학의 전공이나 미래의 일은 훨씬 더 다양하기 때문이다.

① ㉠　　　　　② ㉡　　　　　③ ㉢　　　　　④ ㉣

12-3 한 단계 오르기

○ 다음 문법과 표현을 사용하여 진로에 대해 써 보세요. (300자 이내)

- 진로를 결정하는 것이 중요한 이유는 무엇입니까?
- 진로를 결정할 때 중요하게 생각하는 것은 무엇입니까? 왜 그것이 중요하다고 생각합니까?

※ 아래 제시된 문법 중에서 3개 이상을 사용하세요.

- ☐ V-아/어 버리다
- ☐ V-기 위해(서)
- ☐ V-다(가) 보면
- ☐ V-(으)나 마나
- ☐ A-(으)ㄴ/V-는 대신(에)
- ☐ 아무 N(이)나, 아무 N도

부록

정답

- (1) 만들 수 있을지 걱정이다
- (2) 끝낼 수 있을지 걱정이다 / 할 수 있을지 걱정이다

CHAPTER 7

외국어 학습

7-1 유학을 왔으니까 열심히 공부해야지요

A/V-잖아(요)

1. (1) 유민 씨는 한국 사람이잖아.
   (2) 카린 씨는 등산을 싫어하잖아요.
   (3) 내가 요리를 잘 못하잖아.
   (4) 학교 축제가 있잖아. / 학교 축제를 하잖아.
   (5) 나랑 같이 보기로 했잖아. /
   내가 같이 보자고 했잖아.

V-아/어야지(요)

2. (1) 높임말을 써야지. / '안녕하세요'라고 해야지.
   (2) 늦게까지 놀지 말았어야지. / 일찍 잤어야지.
   (3) 미리 공부했어야지요. /
   지금부터라도 외워야지요.
   (4) 내일부터 해야지요.
   (5) 일해야지요.

어휘와 표현

1. 이룰
2. 지칠
3. 헷갈리는
4. 뿌듯해지고
5. 상상하면
6. 실력이
7. 계획을
8. 꿈을
9. 의욕이
10. 목표를

듣기 1

1. 한국어를 잘할 수 있을지
2. 공부에 지치면
3. 그 목표를 이루기 위해서
4. 그 계획대로
5. 충분합니다
6. 한국어 실력이 좋아진

듣기 2

1. ③
2. ②
3. ④

7-2 저도 이런 생각을 하게 될 줄 몰랐어요

A/V-(으)ㄴ/는 줄 몰랐다

1. (1) 쉬는 날인 줄 몰랐어요.
   (2) 화를 낼 줄 몰랐어요.
   (3) 통화하는 줄 몰랐어.
   (4) 빵이 비쌀 줄 몰랐어.
   (5) 빨리 / 일찍 닫을 줄 몰랐어요.

A/V-(으)면 A/V-(으)ㄹ수록

2. (1) 보면 볼수록
   (2) 생각하면 생각할수록
   (3) 빠르면 빠를수록 좋을 것 같아요.
   (4) 어두우면 어두울수록 잘 보이거든.
   (5) 새로 나온 제품일수록 가볍잖아.

어휘와 표현

1. 관심을 가지게
2. 지원했는데
3. 교육을 받으면서
4. 수료한
5. 활동하는데
6. 전문가가
7. 지식은
8. 과정도
9. 기관이
10. 분야에서

● (1) 걷기도 한다 / 걸어서 가기도 한다
  (2) 빠르기도 하다

읽기 1

1. ①
2. ①

읽기 2

1. 대학교를 졸업한 사람
2. 번역가가 되고 싶은 사람들에게 해 주고 싶은 말은 무엇입니까?

CHAPTER 8

소식과 정보

8-1 뉴스에서 그 소식이 나오던데요

A/V-던데(요)

1. (1) 잘하던데요.

(2) 한국 음식을 좋아하던데요.
(3) 일이 있어서 러시아에 간다고 하던데요.
(4) 다음 달이라고 하던데요. / 다음 달이던데요.
(5) 집에서 파티를 하자고 하던데요.

N 만에

2. (1) 15초 만에 뛸 수 있어요.
(2) 10분 만에 샌드위치를 먹는다고?
(3) 10년 만에 고향에 가는데
(4) 하루 만에 다 봤어요.
(5) 5년 만에 다 썼습니다.

어휘와 표현

1. 정치, 경제, 사회의
2. 국제, 문화를
3. 연예
4. 스포츠
5. 사고가
6. 소식을
7. 소문은
8. 발생했다고
9. 퍼진다
10. 전해
11. 사건이

● (1) 이용해 주시기 바랍니다
  (2) 보내시기 바랍니다

듣기 1

1. 큰불이 났습니다
2. 피해가 생길 수도
3. 사람들을 깨우기 위해
4. 이 청년의 노력으로
5. 병원으로 옮겨졌습니다
6. 회복하기를 바라고 있습니다

듣기 2

1. ③
2. ③
3. ④

8-2 안 쓰는 물건을 팔려고 인터넷에 올려 놓았어요

V-아/어 놓다/두다

1. (1) 써 / 적어 / 메모해 놓으세요.
   (2) 켜 놓고 나왔어요.
   (3) 공연을 / 영화를 예매해 놓았어요.
   (4) 주문해 / 시켜 놓았어요.
   (5) 알아 놨어. / 뒀어.

V-고 보니(까)

2. (1) 받고 보니 문제가 있어서 교환하고 싶어요.
   (2) 만나고 보니 키가 나랑 똑같았어.
   (3) 넣고 보니 소금이었어요.
   (4) 졸업하고 보니 학교 다닐 때가 더 좋았어요.
   (5) 내리고 보니까 휴대폰이 없더라고요.

어휘와 표현

1. 상품을
2. 결제해야
3. 판매하는
4. 거래하는
5. 구매를
6. 후기를
7. 구입한
8. 확인한
9. 중고
10. 사기를

오늘의 표현

● (1) 집 앞에다가 / 주차장에다가

(2) 옷걸이에다가
(3) 꽃병에다가
(4) 냉장고에다가
(5) 식탁에다가

읽기 1

1. ②
2. ③

읽기 2

1. ④
2. ②

CHAPTER 9

일상의 문제

9-1 체했을 때는 음식을 먹지 못하게 하세요

V-이/히/리/기/우-(사동)

1. (1) 깨우는
   (2) 붙여
   (3) 신기고, 입히세요
   (4) 앉히고, 먹이신다

2. (1) 맡기면 돼.
   (2) 알리지 마세요.
   (3) 우산을 씌워 줬어요.
   (4) 소리를 줄일게요.
   (5) 세워 주세요.

V-게 하다

3. (1) 야식을 못 먹게 했거든요.
   (2) 노래를 따라 부르게 했어요.
   (3) 나가지 못하게 하세요.

(4) 많이 먹지 못하게 하세요.

(5) 인터넷에서 정보를 찾아보게 하세요.

1. 베였어요, 소독하고
2. 부러져서, 깁스를 했어.
3. 체한 것 같아요. 토하게
4. 찢어졌어요, 꿰매야 할 것 같아요.
5. 부었네요, 삐었어요.
6. 호흡
7. 증상은
8. 응급 처치가
9. 비상약
10. 신고를

오늘의 표현

● (1) 부러져 가지고
  (2) 써 가지고

듣기 1

1. 숨을 못 쉬어서
2. 붓고
3. 숨소리가 크고 / 커지고
4. 눕히고
5. 확인하게 했다

듣기 2

1. 누군가 갑자기 쓰러져서 비정상적으로 호흡을 하는 상황
2. ②
3. ③

9-2 화면이 안 나오면 전원을 껐다가 다시 켜 보세요

아무 N(이)나, 아무 N도

1. (1) 아무거나 잘 먹어요

(2) 아무 말도 안 했는데요

(3) 나는 아무 소리도 안 들리는데

(4) 아무거나 드시면 안 돼요

(5) 아무나 입학 못 해요

V-았/었다(가) V

2. (1) 갔다가 친구가 없어서 그냥 왔어요.
   (2) 자려고 누웠다가 잠이 안 와서 다시 일어났어요.
   (3) 입원했다가 어제 퇴원했어요.
   (4) 껐다가 다시 켜 보세요.
   (5) 입었다가 안 어울리는 것 같아서 다른 옷으로 갈아입었어요.

1. 액정이 깨졌어요.
2. 온도 조절이 안 돼서, 뽑고
3. 화면이 안 나와요, 껐다가, 켜 보세요
4. 잠갔다가, 틀어 보세요
5. 얼음이 녹고
6. 충전이 안 돼요, 꽂았는지

오늘의 표현

● (1) 비싼지 안 비싼지 몰라서 / 싼지 비싼지 몰라서
  (2) 문을 여는지 안 여는지 모르겠다

읽기 1

1. ④
2. ④

읽기 2

1. 냉동실에 있는 음식이 녹을 때는 어떻게 해야 할까요?
2. 냉장고 문이 잘 닫혀 있는지 확인한다. / 냉동실 문이 열려 있지 않은지 확인한다.
3. 냉동실 온도를 더 낮게 조절한다.

- (1) 외로울 수도 있다 / 외로워질 수도 있다.
  (2) 힘들 수도 있다

CHAPTER 10

생활 습관

10-1 빈 씨가 예전에는 대충 먹더니 요즘에는 잘 챙겨 먹네요

A/V-더니

1. (1) 친구가 선물을 받더니 좋아했어요. /
   친구가 선물을 보더니 마음에 들어했어요.
   (2) 싸우더니 서로 인사도 안 해.
   (3) 그 배우가 나오는 드라마를 다 보더니 팬클럽에
   가입했대.
   (4) 매일 놀기만 하더니 성적이 떨어졌대요.
   (5) 여자 친구와 헤어지더니 우울해하는 것 같아요.

A/V-(으)ㄹ걸(요)

2. (1) 오늘도 늦을걸요.
   (2) 9과부터일걸요.
   (3) 아마 열었을걸요.
   (4) 못 간다고 할걸요. / 다음에 같이 먹자고 할걸요.
   (5) 노래방에 가자고 할걸요.

어휘와 표현

1. 영양분을
2. 탄수화물이
3. 지방이
4. 비타민이
5. 식습관은
6. 단백질이
7. 제때 먹으려고
8. 편식한다고, 골고루 먹게
9. 대충 먹는, 제대로 챙겨 먹는
10. 급하게 먹으면, 천천히 드세요
11. 과식했어, 적당히 먹는

듣기 1

1. 냉동식품도 많이 먹었어
2. 대충 챙겨 먹었더니
3. 요리를 하더니
4. 요리를 시작했을걸
5. 건강 때문인 줄 알았어

듣기 2

1. ②
2. ①
3. ②

10-2 혼자 사는 만큼 건강을 잘 챙겨야 할 텐데요

A-(으)ㄴ 만큼   V-는 만큼   N만큼

1. (1) 열심히 한 만큼 시험을 잘 볼 거예요.
   (2) 힘든 만큼 배우는 것도 많은 것 같아요.
   (3) 새로 나온 노트북인 만큼 / 신제품인 만큼
   비싸겠지요.
   (4) 건강만큼 소중한 건 없는 것 같아요.
   (5) 'ㅇㅇ'만큼 재미있는 드라마는 없으니까
   꼭 보세요.

A/V-아/어야 할 텐데

2. (1) 괜찮아야 할 텐데요. / 별일 없어야 할 텐데요.
   (2) 빨리 나아야 할 텐데요.
   (3) 밥은 먹고 일해야 할 텐데요.
   (4) 긴장하지 말아야 할 텐데요.
   (5) 빨리 와야 할 텐데요.

어휘와 표현

1. 무릎을 굽혀도
2. 다리를 펴는
3. 두 발을 모으세요
4. 자세를 유지하세요
5. 상체를 뒤로 내리세요
6. 숨을 들이마신

오늘의 표현

- (1) 잘 보기는 틀렸다
  (2) 4급에서 공부하기는 틀렸다

읽기 1

1. ④
2. ①

읽기 2

1.

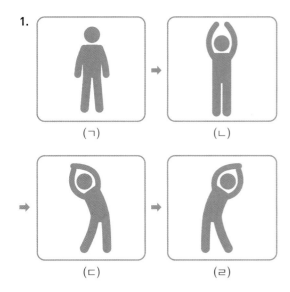

(ㄱ) → (ㄴ)
(ㄷ) → (ㄹ)

2. 무리하지 않고 천천히 할 수 있는 만큼 움직이는 것

CHAPTER 11

전통문화

11-1 한국의 예절을 잘 알던데 비결이 뭐예요?

A/V-던데

1. (1) 이따가 비가 온다고 하던데 우산을 가지고 가세요. / 가지 그래요?
   (2) 아까 보니까 컴퓨터실의 문이 닫혔던데 내일 가지 그래요? / 가세요.
   (3) 한국 노래를 많이 알던데 비결이 뭐예요?
   (4) 다음 주부터 시험 기간이던데 같이 도서관에 갈래요? / 갈까요? / 갑시다.
   (5) 마크 씨가 선생님과 이야기하던데 무슨 일이 있어요?

A/V-기는(요)

2. (1) 늦지 않기는요.
   (2) 감사하기는요.
   (3) 한국 사람이기는요.
   (4) 장학금을 받기는요.
   (5) 어렵기는요.

어휘와 표현

1. 고개를 돌리고 술을 마시는
2. 그릇을 놓고 밥을 먹어야 한다
3. 신발을 신고 들어가지만
4. 주머니에 손을 넣고 인사하면
5. 권하셔서
6. 바르게
7. 예의가
8. 예절이
9. 어긋나지만
10. 겸손하게

● (1) 다 알려면 먼 것 같다 / 다 배우려면 먼 것 같다
  (2) 결혼하려면 멀었다

듣기 1

1. 그릇을 들고
2. 먼저 일어났어요
3. 어긋나는 행동이에요
4. 뭐가 잘못됐는지 모르던데
5. 잘 알기는요
6. 알려면 멀었어요

듣기 2

1. ④
2. ②
3. ④

11-2 고향에 가려다가 여행을 다녀왔어요

V-(으)려다(가)

1. (1) 제주도에 가려다가 안 가기로 했어요. /
     취소했어요. / 다른 데에 가기로 했어요.
   (2) 직접 만들려다가 배달을 시켰어요.
   (3) 운동하러 가려다가 집에서 쉬었어요.
   (4) 대학원에 진학하려다가 (좋은 기회가 생겨서)
   (5) 걸어서 오려다가 늦어서 택시를 타고 왔어요.

V-는 바람에

2. (1) 급한 일이 생기는 바람에 약속을 취소했어요.
   (2) 늦잠을 자는 바람에 / 버스를 잘못 타는 바람에
   (3) 길이 미끄러워서 넘어지는 바람에 다쳤어요.
   (4) 친구 생일을 잊어버리는 바람에 친구가 화가
     났어요.
   (5) 전화를 잘못 거는 바람에 바로 끊었어요

---

1. 풍습이다
2. 맞춰 놓고
3. 줄었으니까
4. 쫓아냈다
5. 미신이라고
6. 빚어서
7. 돌리는
8. 가래떡으로
9. 지낸다

● (1) 불러 왔습니다
  (2) 만들어 왔습니다 / 먹어 왔습니다

읽기 1

1. ①
2. ①

읽기 2

1.

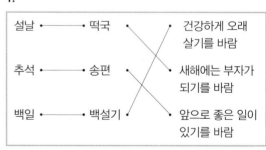

2. ③

CHAPTER 12

적성과 진로

12-1 노력 없이 성공했을 리가 없어요

V-(으)려던 참이다

1. (1) 나가려던 참이었어요. / 참이에요.
   (2) 산책을 하려던 참인데 / 참이었는데
   (3) 숙제하려던 참이었어요. / 참이에요.
   (4) 배달을 시키려던 참이었어. / 참이야.
   (5) 지금 전화하려던 참이었어.

A/V-(으)ㄹ 리(가) 없다

2. (1) 감기가 나을 리가 없지.
   (2) 고장 났을 리가 없어.
   (3) 시험을 못 봤을 리가 없어요.
   (4) 그럴 리가 없어요
   (5) 사실일 리가 없어.

어휘와 표현

1. 재능이
2. 실패는
3. 성공의
4. 도전을
5. 최고의
6. 꾸준하게
7. 타고난
8. 발휘해
9. 뛰어날
10. 평범하고

오늘의 표현

- (1) 살까 말까 할 때는
  (2) 갈까 말까 할 때는
  (3) 말할까 말까 할 때는
  (4) 줄까 말까 할 때는

듣기 1

1. 연주하는
2. 대단하다고
3. 노력했기
4. 타고난
5. 맛있게 먹는
6. 먹방을 찍어 보라고

듣기 2

1. ②

2.
	남	여
①	☑	☐
②	☐	☑
③	☑	☐
④	☐	☑
⑤	☐	☑

3. ③

12-2 진로를 급하게 결정해 버리면 안 돼요

V-아/어 버리다

1. (1) 다 마셔 버렸어요.
   (2) 끝나 버렸는데요. / 끝나 버렸어요.
   (3) 퇴근해 버렸어요.
   (4) 찢어 버렸어요. / 버려 버렸어요.
   (5) 줘 버렸거든요.

V-(으)나 마나

2. (1) 마시나 마나예요.
   (2) 물어보나 마나 간다고 할 거예요. /
       물어보나 마나 갈 거예요.
   (3) 기다리나 마나 늦을 거예요. / 기다리나 마나예요.
   (4) 입어 보나 마나 잘 어울릴 거예요
   (5) 한국에 사나 마나 한국어 실력이 늘지 않을
       거예요. / 한국에 사나 마나예요.

1. 진학을, 취업을
2. 예체능계로
3. 과목을, 인문계, 자연계
4. 진로에
5. 보람이
6. 진지하게
7. 적성을
8. 영향을
9. 실망했다

오늘의 표현

- (1) 거의 다 끝나 가니까 / 거의 다 해 가니까
  (2) 거의 다 와 간다고

읽기 1

1. ④
2. ④

읽기 2

1. ②
2. ④

Hi! KOREAN 3B
Workbook

지은이 김수미, 신현주, 이현숙, 진혜경
펴낸이 정규도
펴낸곳 (주)다락원

초판 1쇄 인쇄 2023년 11월 27일
초판 1쇄 발행 2023년 12월 5일

책임편집 이숙희, 이현수
디자인 김나경, 안성민, 윤현주
일러스트 윤병철
번역 Jamie Lypka
이미지 출처 shutterstock, iclickart

다락원 경기도 파주시 문발로 211, 10881
내용 문의 : (02)736-2031 내선 420~426
구입 문의 : (02)736-2031 내선 250~252
Fax : (02)732-2037
출판등록 1977년 9월 16일 제406-2008-000007호

ISBN 978-89-277-3325-6 14710
      978-89-277-3313-3 (set)

http://www.darakwon.co.kr
다락원 홈페이지를 방문하시면 상세한 출판 정보와 함께
MP3 자료 등 다양한 어학 정보를 얻으실 수 있습니다.